U0606978

优秀中学生
最爱玩的
200个
思维游戏

赵 霞◎编著

北京联合出版公司
Beijing United Publishing Co.,Ltd.

图书在版编目（CIP）数据

优秀中学生最爱玩的200个思维游戏 / 赵霞编著. ——
北京 ：北京联合出版公司，2014.11（2022.1重印）
（思维盛宴）
ISBN 978-7-5502-4084-1

Ⅰ．①优… Ⅱ．①赵… Ⅲ．①智力游戏 – 青少年读物
Ⅳ．①G898.2

中国版本图书馆CIP数据核字(2014)第268738号

优秀中学生最爱玩的200个思维游戏

编　著：赵　霞
选题策划：大地书苑
责任编辑：陈昊　王巍
封面设计：尚世视觉
版式设计：程　杰

北京联合出版公司出版

（北京市西城区德外大街83号楼9层　　100088）

北京一鑫印务有限责任公司印刷　新华书店经销

字数200千字　710毫米×1000毫米　1/16　11印张

2019 年 4 月第 1 版　2022年1月第3次印刷

ISBN 978-7-5502-4084-1

定价：49.80 元

前言

　　人的潜能是一座不可限量的巨大金矿，蕴藏丰富，价值连城。而每一个人的大脑就是这座金矿的贮藏所在地，只要你想要去开掘它，你就会发现它的巨大能量。

　　人脑与生俱来具有记忆、学习和创造的潜能，大脑中大约有90％以上的部分还没有被开发出来，你的大脑往往比你想象的还要聪明。所以，我们要积极地去开发大脑的潜力，真正让潜力变成实际的能力，做一个聪明绝顶的人。

　　青少年正处在大脑思维异常活跃的时期，正是开发潜能的最佳阶段，应该养成勤动脑、多练脑和会动脑的好习惯，这也为将来青少年步入社会奠定基础。

ABOUT US!

目　录

Part 4　逻辑思维游戏

Part 5　想象思维游戏

Part 6　数字思维游戏

Part 7 语言表达思维游戏

Part 8 观察思维游戏

Part 9 图形转换思维游戏

Part 10　创新思维游戏

Part 11　判断思维游戏

解答篇

Part1

发散思维游戏

　　发散思维是对解决问题而言，可以沿着不同的方向去思考，从多个方向提出解决问题的方案。本章可以帮助你锻炼解决问题的能力，从不同的角度中选择出最佳的答案，让你在遇到问题时能够应对自如。

谁在敲门

| 难易程度: | 所用时间: ( ) 分 | 要求: |

地球上唯一存活下来的男人，坐在桌旁准备写遗书，突然听见外面传来敲门声。人类以外的动物早就死光了，也不可能是石子被风吹起打在门上的声音。当然，外星人也没有入侵地球。那么，到底是谁在敲门呢？

狭路相逢

| 难易程度: | 所用时间: ( ) 分 | 要求: |

一条河上有一座独木桥，只能容一个人通过。有两人来到桥头，一个从南来，一个向北去，想要同时过桥，该怎么过去？

新手司机

| 难易程度： | 所用时间：（ ）分 | 要求： |

一位新手司机驾驶小轿车会见朋友，半路上忽然有一个轮胎爆了。当他把轮胎上的4个螺丝拆下来，从后备箱里把备用轮胎拿出来时，不小心把4个螺丝踢进了下水道。

请问：新手司机该怎么做才能使轿车安全地开到距离最近的修车厂？

鸡蛋怎么拿回家

| 难易程度： | 所用时间：（ ）分 | 要求： |

乐乐打完篮球，穿着背心、短裤，抱着篮球回家。路上突然想起妈妈让他买些鸡蛋回家，于是就买了十几个鸡蛋。可是，没有其他的工具，这些鸡蛋他该怎么拿回家呢？

联邦调查局的难题

难易程度： 　所用时间：（　）分　　要求： 👁

　　联邦调查局最近接到一份恐怖分子发来的密函(如下图)。破译组的成员连夜对其进行解密，从古罗马文化联想到古巴比伦文化，再到古埃及的符号，用各种各样的方法和假设都没能解开谜底。一天，一位新来的助手得知此事后，随手拿起这份密函，希望能从中找出一点蛛丝马迹。果然，不到一分钟，新助手告诉大家：这是一份类似于恶作剧的挑衅书，目的是转移联邦调查局的视线。

　　你知道新来的助手发现了什么秘密吗？

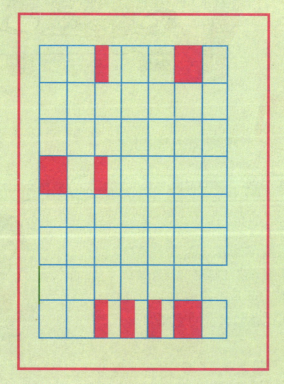

叠纸游戏

难易程度：　　所用时间：（　　）分　　要求：

有一位疯狂的艺术家为了寻找灵感，把一张厚为0.1毫米的很大的纸对半撕开，重叠起来，然后再撕成两半叠起来。假设他如此重复这一过程25次，这叠纸会有多厚？

A 像山一样高　　　　C 像一栋房子一样高

B 像一个人一样高　　D 像一本书那么厚

最大的整数

难易程度：　　所用时间：（　　）分　　要求：

如果＋、－、×、÷分别只能使用一次，那么，这几个数字中间分别应添什么符号，才能使下面这个算式得出最大的整数（计算过程中不可出现负数）？

注：可以使用一次小括号。

4 2 5 4 9 ＝

不能在夜间吃的饭

难易程度：　所用时间：（　）分　　要求：

什么饭不能在夜间吃？

火车在什么地方

难易程度：　所用时间：（　）分　　要求：

　　一列火车由北京开到济南需要四个半小时，行驶两个小时后，这列火车应该在什么地方？

机器猫的话

难易程度：	所用时间：（ ）分	要求：

机器猫说："在一个星球上，当你扔出一块石头后，它只在空中飞了一小段距离后就停顿在半空中，再向你的方向飞回来，当然它决不是碰到了什么东西被弹回来。"

你知道机器猫说的是哪个星球吗？

鸡与蛋哪个在先

难易程度：	所用时间：（ ）分	要求：

小明和小华为是先有鸡还是先有蛋争论不休。作为公证人的你，该如何为他们解答这一难题？

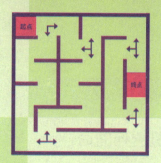

Part2

分析思维游戏

　　每一个事物或事件都有正反两方面，如何能够果断地作出判断，得出正确的结果，这需要我们具有很强的分析能力。分析能力需要不断地积累和锻炼，多角度、全方位地看待问题。

挑食的北极熊

难易程度:	所用时间: ( ) 分	要求:

为什么贪吃北极熊不吃企鹅宝宝? 难道是因为它们太挑食吗?

熊是什么颜色的

难易程度:	所用时间: ( ) 分	要求:

一口井深20米, 一只熊从井口跌到井底, 花了2分钟。请问: 这只熊是什么颜色的?

穿越森林

| 难易程度: | 所用时间:（ ）分 | 要求: |

　　一个探险家在前进的途中遇到一片广袤的森林。请问他最多能走进森林多远？

两位数学老师

| 难易程度: | 所用时间:（ ）分 | 要求: |

　　两位数学老师相对坐在办公桌前看同一份作业，她们为了其中的一道题目争得面红耳赤，其中一个说："这个等式是正确的。""不，这完全是错误的。"另一个说。

　　请问：她们看的是一个什么式子呢？

巧划分（1）

难易程度：	所用时间：（　　）分	要求：

请在下图中画3条直线，将图分割成6个部分，使每一部分中有1条鱼和1面小旗，并各有0～5个鼓和雷电，线条不必从一边画到相对的另一边。

 巧划分（2）

难易程度：	所用时间：（　　）分	要求：

请在下图中画4条直线，将图分割成8部分，使每一部分中有3只蜻蜓，并各有1～8只蜜蜂。

找不同

难易程度： ⭐ 　所用时间：（ ）分　要求： 👁

下面几个图片中，哪一个与其他的不一样？

找伙伴

难易程度： ⭐ 　所用时间：（ ）分　要求： ✏

　　用3条不相交的线连接颜色相同的五角星，每个五角星的后面只能绕过一次。

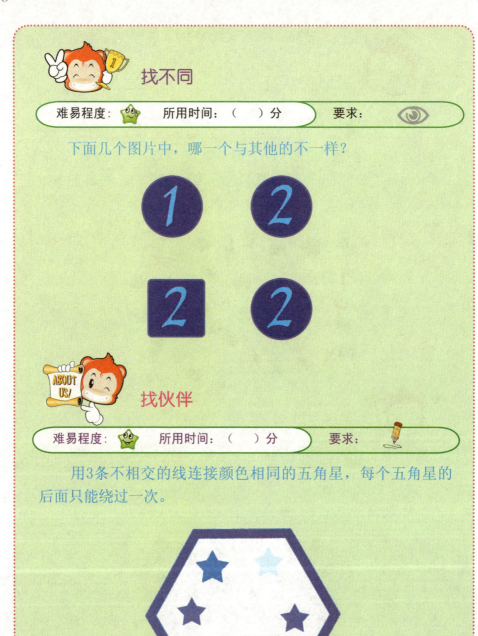

最后的弹孔

难易程度：　　所用时间：（　　）分　　要求：

　　某地著名的富翁被枪杀了。他是站在房子的窗边时，被突然从窗外射来的子弹击中的。也许是凶手的枪法不准，打了4枪，最后一枪才命中。窗户的玻璃上留下4个弹孔。你知道最后一枪的弹孔是哪个吗？

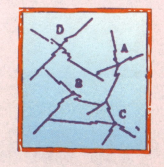

老钟

难易程度：　　所用时间：（　　）分　　要求：

　　有一台老钟，每小时慢4分钟（即分针走一圈需要64分钟），3点整时和一只走得很准的手表对过时，现在这只表正好指在12点。请问：老钟还需走多少分钟才能指在12点？为什么？

惨烈的尖叫

难易程度：　　所用时间：（　　）分　　要求：

　　一天夜里，邻居听到一声惨烈的尖叫。早上醒来发现原来昨晚的尖叫是受害者的最后一声。负责调查的警察向邻居们了解案件发生的确切时间。一位邻居说是12:08分，另一位老太太说是11:40分，对面杂货店的老板说他清楚地记得是12:15分，还有一位绅士说是11:53分。但这4个人的表都不准确，在这些人的手表里，一个慢25分钟，一个快10分钟，还有一个快3分钟，最后一个慢12分钟。聪明的你能帮警察确定作案时间吗？

损失了多少财物

难易程度： 　　所用时间：（　）分　　要求：

顾客拿了一张百元钞票到商店买了25元的商品，老板由于手头没有零钱，便拿这张百元钞票到朋友那里换了100元零钱，并找了顾客75元零钱。

顾客拿着25元的商品和75元零钱走了。过了一会儿，朋友找到商店老板，说他刚才拿来换零钱的百元钞票是假钞。商店老板仔细一看，果然是假钞，只好又拿了一张真的百元钞票给朋友。

你知道，在整个过程中，商店老板一共损失了多少财物吗？

注：商品以出售价格计算。

天平称重

难易程度： 　　所用时间：（　）分　　要求：

现有1克、2克、4克、8克、16克的砝码各一个。称重时，砝码只能放在天平的一端，用这5个砝码组合可以称出几种不同的重量？

正反都一样的年份

难易程度： ⭐　　所用时间：（　　）分　　要求：

哪一年的年份写在纸上，再把纸倒过来看仍然是这一年的年份数？

裙子的颜色是什么

难易程度： ⭐　　所用时间：（　　）分　　要求：

娜娜最近买了一条新款淑女裙。朋友们急着想一睹风采，可娜娜却还在卖关子，只给她们一个提示："我这条裙子的颜色是红、黑、黄三种颜色其中的一种。"

"娜娜一定不会买红色的。"小晓说。

"不是黄的就是黑的。"童童说。

"那一定是黑的。"光子说。

最后，娜娜说："你们之中至少有一个人是对的，至少有一个人是错的。"

请问：娜娜的裙子到底是什么颜色的呢？

台历日期

难易程度： 所用时间：（　）分　要求：

右边台历上斜着的三个日期的数字之和为42，请问这三个日期为哪三天呢？

杰克是哪里人

难易程度： 所用时间：（　）分　要求：

在一次国际型的户外活动中，聚集了好几个国家的人。现在知道：所有的英国人穿西装；所有的美国人穿休闲服；没有既穿西装又穿休闲服的人；杰克穿休闲服。

根据以上条件，下面哪个说法一定是正确的？

杰克是英国人；

杰克不是英国人；

杰克是美国人；

杰克不是美国人。

如何过河

难易程度：⭐　　所用时间：（　）分　　要求：

明明牵着一只狗和两只小羊回家，路上遇到一条河，没有桥，只有一条小船，并且船很小，他每次只能带一只狗或一只小羊过河。你能帮他想想办法，把狗和小羊都带过河去，又不让狗吃到小羊吗？

礼服和围巾的问题

难易程度：⭐　　所用时间：（　）分　　要求：

下面有3个礼盒，盒子上都有标签，但是这些标签和内容都完全不对应。请问：你应检查哪几个盒子中的物品，才能确定这3个盒子里各有什么物品？

3件晚礼服

3条围巾

2件晚礼服
1条围巾

帽子的颜色

难易程度：	所用时间：（　）分	要求：

在一次生日派对上，准备了三顶蓝帽子和两顶红帽子。在前面扮演小丑的大毛、二毛、三毛排成一列。大毛后面站着二毛，二毛后面站着三毛。

他们3人头上各戴上一顶帽子，剩下的帽子被藏了起来。他们可以看到前面的人帽子的颜色，但看不到自己的。

"三毛，你的帽子是什么颜色？"

"不知道。"

"二毛呢？"

"我也不知道。"

这时候，谁的帽子都看不到的大毛却说："啊！我知道了。"

请问：大毛的帽子是什么颜色？

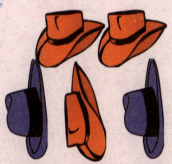

数字的逻辑

难易程度：	所用时间：（　）分	要求：

你先看看图中数字之间的关系，再填出三角形中的数。

 3　　5　　8　　12　　17　　?

倒金字塔

难易程度：	所用时间：（　）分	要求：

找出问号所代表的数。

1 9 4 8 3 7 2 6 5
5 6 2 7 3 8 4
4 3 7 6 5
5 6 4

 ?

展开成大环形

难易程度：	所用时间：（　）分	要求：

下图的4张剪纸，哪一个展开后能够形成一个大环形？

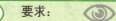

1	2	3	4

钓了多少条鱼

难易程度： 　所用时间：（　　）分　　要求：

大张、老李和小王周末的时候出去钓鱼。回来的时候碰上一位同事，同事问他们每人钓了几条鱼。老李自豪地说："俺老李钓的鱼跟他们两个钓的加起来一样多。"大张说："小王钓到的最少，不过要是把我们3个人钓的条数相乘的话，得数是84。"

想一想，大张、老李和小王他们各钓到了多少条鱼？

骰子推理

难易程度： 　所用时间：（　　）分　　要求：

一个立方体的六面，分别写着a、b、c、d、e、f六个字母，根据下边4张图，推测b的对面是什么字母。

(1)　　　(2)　　　(3)　　　(4)

开环接金链

难易程度：⭐　　所用时间：（　）分　　要求：

有四段3个环连的金链，要设法将它们连成一个金链圈，至少要打开几个环？

母鸡下蛋

难易程度：⭐　　所用时间：（　）分　　要求：

清晨，一只母鸡先向着太阳飞奔了一会儿，然后掉头回到草堆旁，转了一圈后，又向右边跑了一会儿，然后向左边的同伴跑去，它与同伴在草堆里转了半圈后，忽然下了一个蛋。请问：蛋是朝什么方向落下的？

展开后的图形

难易程度：　　　所用时间：（　　）分　　　要求：

将正方形的纸沿着虚线对折，再折成三等分，将阴影部分剪掉，展开后会是右边的哪个图形？

1
2

3
4

旋转的图形

难易程度：　　　所用时间：（　　）分　　　要求：

1　　2　　3

4　　5　　6

左图6个图形中，有4个图形可由同一图形旋转不同的角度得到，但有2个不能，你能找出不能的2个图形吗？

鸭子戏水

难易程度：　所用时间：（　　）分　　要求：

湖里有10只鸭子在欢快戏水，请你用3个同样大小的圆圈，把每只鸭子都分开。你知道怎么分吗？试试看吧！

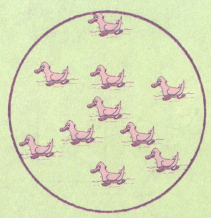

鱼鳞片的变化规律

难易程度：　所用时间：（　　）分　　要求：

按照图中鱼鳞片的变化规律，下一个图形该是什么样的？

老实的骗子

难易程度：　所用时间：（　）分　　要求：

老实先生一家人一点都不老实。这天中午吃饭，爷爷先在圆形的餐桌前坐了下来，问其他4个人要怎么坐。没想到他们连这个也要说谎。

妈妈："我坐女儿旁边。"

爸爸："我坐儿子旁边。"

女儿："妈妈是在弟弟的左边。"

儿子："那我右边是妈妈或姐姐。"

请问：他们一家人到底是怎么坐的？

三角形填空

难易程度：　所用时间：（　）分　　要求：

最后一个三角形右下角缺一个什么样的符号？

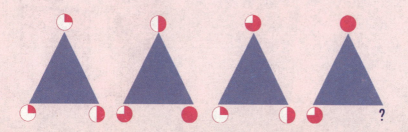

环环相扣

| 难易程度： | 所用时间：（　　）分 | 要求： |

请你先仔细观察右面 14个连在一起的铁环。看 看哪几个环可动手解脱， 之后可使它环环都脱离？

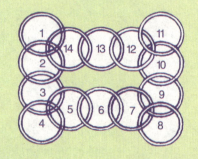

宾馆凶案

| 难易程度： | 所用时间：（　　）分 | 要求： |

某宾馆发现一具尸体，医生对死者进行检查后，说："从 最近的距离向心脏打了一发子弹，因此立即死亡。"

警察立刻展开对此事的调查，传讯了三位有嫌疑的人。三 人分别作了如下的证词：

甲：死者不是乙杀的，是自杀的。

乙：他不是自杀的，是甲杀的。

丙：不是我杀的，是乙杀的。

后经查明，每个人的话都只有一 半是正确的。

根据以上信息，说出谁是凶手。

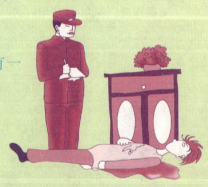

过河

难易程度:	所用时间:（ ）分	要求:

一条大河上没有桥，37人要过河，但河上只有一条能装载5人的小船。

请问：37人要多少次才能全部过到河对面？

有趣的算式

难易程度:	所用时间:（ ）分	要求:

移动下面的等式中的2根或3根火柴来改变其中的数字或符号，可使等式两边始终相等。你能分别列出移动2根和3根火柴的算式吗？

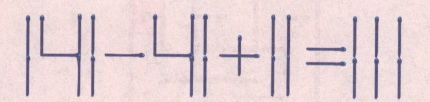

图案盒子

| 难易程度: ⭐ | 所用时间: ( ) 分 | 要求: 👁 |

(a)(b)(c)(d)中哪一个盒子是用左边的硬纸折成的?

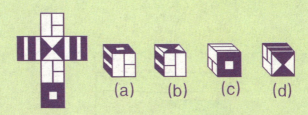

(a)　　(b)　　(c)　　(d)

不走重复路

| 难易程度: ⭐ | 所用时间: ( ) 分 | 要求: 👁 |

　　假设你走在这个迷宫里，会搞不清楚自己的位置。你在每个T字路口随机选择下一步的方向，但不能选择回头。如果同一个地方走过两次你就出局了，抵达终点才算赢。你赢的概率有多少？

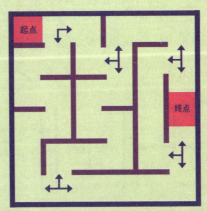

玩具的总价

难易程度： 　　所用时间：（　　）分　　要求：

　　每种玩具都有一个价格，图中的数字表示该行或列所示玩具价格的和，你能把未知的总价算出来吗？

	22	12	18	16	?
16	🦆	🏐	🏐	🏐	🦆
19	🦆	🎡	🦆	🎡	🐻
17	🦆	🍭	🎡	🦆	🐻
16	🦆	🐻	🦆	🏐	🦋
?	🏐	🦋	🏐	🦋	🐻

称粮食

难易程度： 　　所用时间：（　　）分　　要求：

　　大米、小米和玉米分别装在3只袋子里，它们的重量都在35斤到40斤之间。用一台最少50斤的磅秤，最多称几次就能称出小米、大米和玉米各重多少斤？

会遇到几艘客轮

难易程度：　　所用时间：（　）分　　要求：

　　每天上午，一家公司的客轮从香港出发开往费城，并在每天这一时间都有该公司的一艘客轮从费城开往香港。客轮走一个单程需要 7 天 7 夜。请问：今天上午从香港开出的客轮，将会遇到几艘从对面开来的同一个公司的客轮？

考考你

难易程度：　　所用时间：（　）分　　要求：

图中问号处应填什么？

A	23
G	

17	M
11	

S	5
Y	

25	E
?	

歪博士的考题

难易程度：⭐　　所用时间：（　　）分　　要求：

　　歪博士最近闲得无聊，就出了这样一道题目来考考周围的人：这是5×5排列（即横竖都是5颗棋子）的棋子阵，一共25颗棋子。现在再加5颗，一共30颗棋子，能不能使这个方阵变成横行、竖行、对角都是6颗棋子呢？

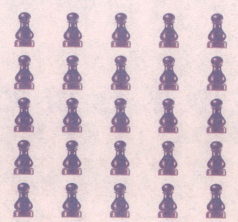

找规律

难易程度：⭐　　所用时间：（　　）分　　要求：

　　根据同样的规则，可以由左边的数字推出右边的数字，你能找到这个规律，并找到问号处的数字吗？

2 —— 99 —— 305 —— 188 —— ?

Part3
逆向思维游戏

逆向思维常常表现为转换思维的能力，逆向思维就是换一个角度看问题。逆向思维的锻炼，主要是加大思维的深度和广度，扩大思维的空间，启发思考的兴趣和动手操作的能力。

照片上的人

难易程度： 　所用时间：（　）分　　要求：

有一个人在上班时间看照片。当有人问这个人在看谁的照片时，这个人回答说："照片上的人的丈夫的母亲，是我丈夫的父亲的妻子的女儿，而我丈夫的母亲只生了他一个孩子。"

请问：这个人在看谁的照片？

电话号码

难易程度： 　所用时间：（　）分　　要求：

壮壮所在的城市的电话号码是四位。一次他搬了新家，得到了一个非常不错的电话号码。这个电话号码很好记：新号码正好是原来号码的四倍；原来的号码从后面倒着写正好是新的号码。

现在，你能够推测出他的新电话号码吗？

还剩几只兔子

| 难易程度： | 所用时间：（　　）分 | 要求： |

　　在一个菜园里，有128只兔子在埋头偷吃萝卜。农夫看见后非常生气，拿起猎枪"砰"地一枪打死了一只兔子。请问：菜园里还剩多少只兔子？

几堆水果

| 难易程度： | 所用时间：（　　）分 | 要求： |

　　有4元一公斤的香蕉一堆，2元一公斤的苹果一堆，4元一公斤的橘子一堆，合在一起，你猜共有几堆？

要跳多少步（1）

难易程度： 　所用时间：（　）分　　要求：

　　如下图：一排7个方格里，前三格里放有3颗实五角星，后三格里放有3颗空五角星。现在请你任选一种方法：把五角星移到相邻的空格上去，或者跳过旁边的五角星移到旁边的空格上去，但一次只能跳一格。

　　请问：要使实五角星和空五角星的位置互换至少需要多少步？

要跳多少步（2）

难易程度： 　所用时间：（　）分　　要求：

　　如下图，图标可以移动，也可以跳跃，但每次只能移动或者跳跃一格。现在把★▲的顺序改成▲★的顺序（中间☆的位置不变），至少需要多少步？

为什么不让座

难易程度： 所用时间：（ ）分 要求：

在一个以文明礼貌而著称的城市，有一个残疾人上了公交车后，却没有人让座。车上的每个人都是非常有礼貌的，并且他们也都非常反感不给"老弱病残孕"乘客让座的行为，可是，他们为什么不给这位残疾人让座呢？

镜子的游戏

难易程度： 所用时间：（ ）分 要求：

有4个数字（两组）在镜子里面看顺序相反，它们两者之间的差均等于63。

请问：这两组数字分别是什么？

各有多少条鱼

难易程度：　　所用时间：（　）分　　要求：

小安家的鱼缸里养了很多热带鱼，其中有五彩神仙鱼、虎皮鱼。现在知道两种鱼的数目相乘的积数在镜子里一照，正好是两种鱼的总和。你能算出两种鱼各是多少条吗？

数学家的年龄

难易程度：　　所用时间：（　）分　　要求：

一位数学家的墓碑上刻着这样一段话："过路人，这是我一生的经历，有兴趣的可以算一算我的年龄：我的生命前1/7是快乐的童年，过完童年，我花了1/4的生命钻研学问。在这之后，我结了婚。婚后5年，我有了一个儿子，感到非常幸福。可惜我的孩子在世上的光阴只有我的一半。儿子死后，我在忧伤中度过了4年，也跟着结束了我的一生。"

根据墓碑上所刻的信息，你能计算出他的年龄吗？

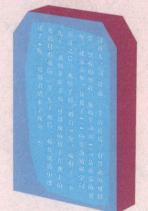

破译密码

 难易程度：　　所用时间：（　）分　　要求：

　　一天，某军总司令部截获一份秘密情报。经过初步破译得知，下月初，敌军的三个师团兵将分东西两路再次发动进攻。在东路集结的部队人数为"ETWQ"，从西路进攻的部队人数为"FEFQ"，东西两路总兵力为"AWQQQ"，但到底是多少却无从得知。后来，苦思不得其解的密码竟然被一位数学老师破译了。你知道数学老师是怎么破译的吗？

　　ETWQ　　　　FEFQ　　　　AWQQQ

东路部队　　　西路部队　　东西两路总兵力

该填哪一个字母

难易程度：　　所用时间：（　）分　　要求：

　　按照图中字母排列的逻辑，问号处该填哪一个字母？

逆向思维游戏

毛毛虫的任务

难易程度： 　所用时间：（　　）分　　要求：

　　毛毛虫的妈妈交给毛毛虫一个艰难的任务：从一张纸的一面爬到另一面去。毛毛虫想：每一张纸都有两个面和一条封闭曲线的棱，如果由这个面爬到另一个面必须要通过这条没有任何支点的棱，想要通过这条棱，即使我这样的身躯也会有"坠崖"的危险。看来不能硬闯，需要想点技巧才行。

　　亲爱的朋友，你知道毛毛虫想了一个什么技巧吗？

哪一杯是水

难易程度： 　所用时间：（　　）分　　要求：

　　两个杯里分别装有一种无色、无味、不能相互混合并且比重不同的液体，其中一种液体是水。请问：用什么方法才能把水辨别出来（不能亲自去尝，有可能是有毒的化学试剂）？

啰唆的自我介绍

难易程度：　　所用时间：（　）分　　要求：

　　一个特别喜欢炫耀的人，每次向别人介绍自己办公室的同事情况时，常这样说道："我和王先生、张先生、李小姐三人之间是直接的上下级关系；王先生和赵小姐之间有工作联系；张先生和董先生之间是直接的上下级关系；李小姐和杜小姐有工作联系；赵小姐和董先生工作联系多；董先生和杜小姐工作联系也多。我常常给王先生、李小姐安排工作任务，董先生给赵小姐安排工作任务；张先生给董先生安排工作任务；董先生给杜小姐安排工作任务；我从张先生那里接受工作任务。"

　　根据这番啰唆的话推断出他们之间分别是什么关系。

Part4
逻辑思维游戏

逻辑能力在生活中非常重要，如果一个人的逻辑能力较低，会在很多事情上吃亏。比如在辩论赛上，如果逻辑能力不强，只要一开口，就会被对手辩驳得无言以对。逻辑能力并非天生，只要加强锻炼，你也可以取得令人惊奇的效果。

读书计划

难易程度：	所用时间：（　　）分	要求：

一个中学生制订了一个读书计划：一天读20页书。但第三天因病没读，其他日子都按计划完成了，问第六天他读了多少页？

路线图

难易程度：	所用时间：（　　）分	要求：

如何画出A到a、B到b、C到c、D到d的路线，使这些路线没有相互交叉点？

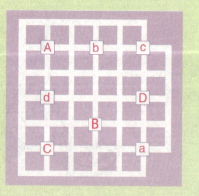

迷路的兔子

难易程度：　　所用时间：（　　）分　　要求：

兔子小姐不小心掉进了有很多格子的盒子里。她好想出去走走，可又怕动作太大被主人发现，所以她一次只能"上下"或"左右"移动一格，且不能跳动。

请你帮她想想要如何走，才能把所有的格子走一遍回到原点，而且不被主人发现呢？

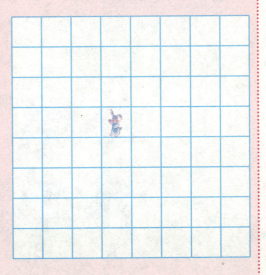

到底是星期几

难易程度：　　所用时间：（　　）分　　要求：

如果今天的前5天是星期六的前3天，那么后天是星期几？你能算出来吗？

取代图形

难易程度：	所用时间：（　）分	要求：

仔细观察图1是如何变成图2的，然后用同样的变化方法，图3会变成A、B、C、D中的哪一个呢？

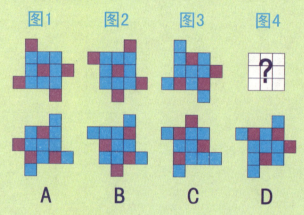

鸡兔各有几只

难易程度：	所用时间：（　）分	要求：

若干只鸡、兔被关在同一个笼里，笼里有鸡头、兔头共36只，有鸡脚、兔脚共100只，问鸡、兔各有几只？

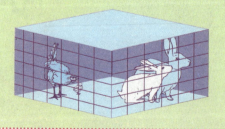

花最少的钱去考察

难易程度： 所用时间：（　　）分　　要求：

　　赤道上有A、B两个城市，它们正好位于地球上相对的位置。分别住在这两个城市的甲、乙两位科学家每年都要去南极考察一次，但飞机票实在是太贵了。围绕地球一周需要1000美元，绕半周需要800美元，绕1/4周需要500美元，按照常理，他们每年都要分别买一张绕地球1/4周的往返机票，一共要1000美元，但是他们俩却想出一条妙计，两人都没花那么多的钱。你猜他们是怎么做的？

分米

难易程度： 所用时间：（　　）分　　要求：

　　有两个合伙卖米的商人，要把剩下的10斤米平分。他们手中没有秤，只有一个能装10斤米的袋子，一个能装7斤米的桶和一个能装3斤米的脸盆。请问：他们该怎么平分10斤米呢？

换啤酒

难易程度:	所用时间:（ ）分	要求:

5个空瓶可以换1瓶啤酒，一个酒鬼一星期内喝了161瓶啤酒，其中有一些是用喝剩下来的空瓶换的。请问：他至少买了多少瓶啤酒？

啤　酒

摸黑装信

难易程度:	所用时间:（ ）分	要求:

当当有4位好朋友，他们之间经常用书信联系，感情非常亲密。

有一天晚上，当当分别给4位朋友写信。他刚写好信正准备分装的时候，突然停电了。当当摸黑把信纸装进信封里，因为要赶着明天寄出去。妈妈说他这样摸黑装信会出错，当当说最多只有一封信装错。

你觉得当当说得正确吗？

他们点的什么菜

| 难易程度： | 所用时间：（   ）分 | 要求： |

阿德里安、布福德和卡特3人常结伴去餐馆吃饭，他们每人要的不是火腿就是猪排。我们已知下列情况：

① 如果阿德里安要的是火腿，那么布福德要的就是猪排。

② 阿德里安或卡特要的是火腿，但是两人不会都要火腿。

③ 布福德和卡特两人不会都要猪排。

你知道谁昨天要的是火腿，今天要的是猪排吗？

吃梨子

| 难易程度： | 所用时间：（   ）分 | 要求： |

5个人用5分钟吃了5个梨子，那100个人吃100个梨子用多少分钟？

轮胎如何换

| 难易程度： ⭐ | 所用时间：（ ）分 | 要求： |

有一个做长途运输的司机要出发了。他用作运输的车是三轮车，轮胎的寿命是2万里。现在他要进行5万里的长途运输，计划用8个轮胎就完成运输任务，怎样才能做到呢？

儿子和爸爸的游戏

| 难易程度： ⭐ | 所用时间：（ ）分 | 要求： |

儿子和爸爸坐在屋中聊天。儿子突然对爸爸说："我可以坐到一个你永远坐不到的地方！"爸爸觉得这不可能，你认为可能吗？

骗子村的老实人

| 难易程度: | 所用时间：（ ）分 | 要求： |

刚搬到骗子村的老实人显然还不太习惯骗子村的生活方式。因此，他只有在星期一说谎，其他的日子说的都是真话。

请问：老实人在星期二说的话是什么呢？

变脸

| 难易程度: | 所用时间：（ ）分 | 要求： | |

图中头7个脸面形象的变化有一定的规则。最下面的A、B、C三图中，哪一个是符合这一规则的第八个形象？

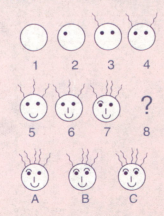

图形推理

难易程度： ⭐ 　所用时间：（ ）分 　要求： 👁

请问A、B、C、D、E这一序列的下一个应是什么样的？

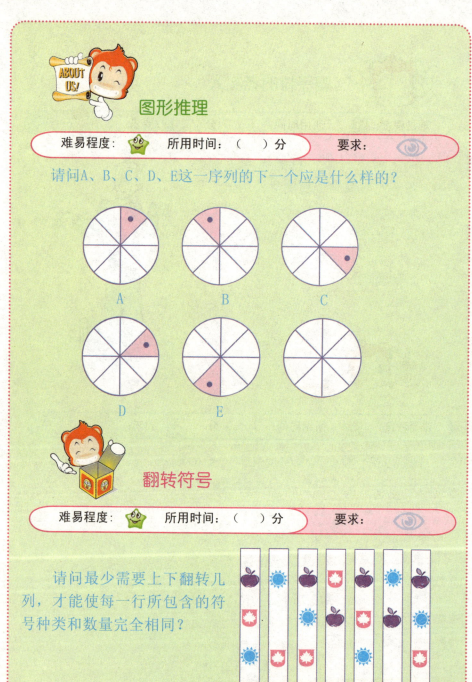

A　　　　　　B　　　　　　C

D　　　　　　E

翻转符号

难易程度： ⭐ 　所用时间：（ ）分 　要求： 👁

请问最少需要上下翻转几列，才能使每一行所包含的符号种类和数量完全相同？

罗沙蒙德迷宫

| 难易程度： | 所用时间：（ ）分 | 要求：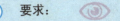 |

　　这是被称作"罗沙蒙德秘密基地"的有名迷宫。道路相当复杂，到处有死巷，周围有许多入口。请找出通往秘密基地的路线。

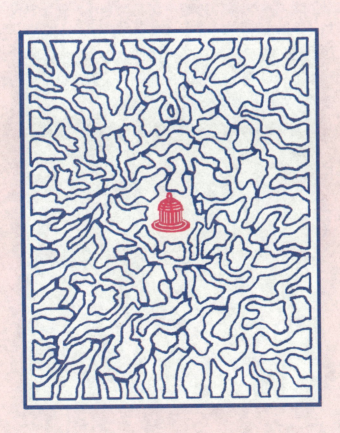

优秀中学生最爱玩的 200个思维游戏

珠宝公司的刁钻奖励

难易程度： 　　所用时间：（　）分　　要求：

　　瑞芳在一家珠宝公司工作，由于她工作积极，所以公司决定奖励一条金链。这条金链由7个环组成，但是公司规定，每周她只能领一个环，而且切割费用由自己负责。

　　这让瑞芳感到为难，因为每切一个金环，就需要付一次昂贵的费用，再焊接起来还要一笔费用，想想真不划算。聪明的瑞芳想了一会儿之后，发现了一个不错的方法，她不必将金链分开成7个了，只需要从中取出一个金环，就可以每周都领一个金环，她是怎么做到的呢？

爱说假话的兔子

| 难易程度: | 所用时间: ( ) 分 | 要求: |

有4只兔子,年龄从1至4岁各不相同。它们中有两只说话了,无论谁说话,如果说的是比它大的兔子的话则都是假话,说的是比它小的兔子的话则都是真话。兔子甲说:"兔子乙3岁。"兔子丙说:"兔子甲不是1岁。"

你能知道这4只兔子分别是几岁吗?

相信不相信

| 难易程度: | 所用时间: ( ) 分 | 要求: |

右面有一个大方框,如果你相信事情会发生,请在方框里填上"是",如果你不相信,就在方框里填上"否"。

然后请看后面的解答去瞧瞧那件事情是什么,看你预测得正确不正确。我敢保证你一定预测得不正确,不信,你就试试!

优秀中学生最爱玩的 200个思维游戏

谁在撒谎

| 难易程度: | 所用时间: （ ）分 | 要求: |

有5个学生，在接受学校的小记者团采访时说了下面这些话，你来判断他们中有几个人撒了谎。

小艾说："我上课从来不打瞌睡。"

小美说："小艾撒谎了。"

小静说："我考试时从来不舞弊。"

小惠说："小静在撒谎。"

小叶说："小静和小惠都在撒谎。"

最好的类比

| 难易程度: | 所用时间: （ ）分 | 要求: |

5个答案中哪一个是最好的类比？

 对于 相当于 对于

(a)　　(b)　　(c)　　(d)　　(e)

054

谁胜谁负

　　和你的朋友交替说出1到10中自己喜欢的数，把每次你和朋友说的数相加，最后再求出总和。总和达到或者超过100的就算输。

　　仔细思考一下，想想你该怎么做才能取胜。

智力拼图

　　给出的3个零散图形可拼成下图的哪一个图形？

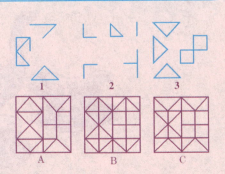

黑色星期五

难易程度： ⭐ 所用时间：（ ）分 要求：

如果4月13号是星期五，那么距离下一个13号星期五有多少天？

怎样倒水

难易程度： ⭐ 所用时间：（ ）分 要求：

有一个盛有900毫升水的水壶和两个空杯子，一个能盛500毫升，另一个能盛300毫升。请问：应该怎样倒水，能使得每个杯子都恰好有100毫升？

注：不允许使用别的容器，也不允许在杯子上作记号。

科学家理发

难易程度： 　所用时间：（　　）分　　要求：

　　一位科学家来到一个小镇，他发现镇上只有两位理发师，每人各有自己的理发店。科学家需要理发，于是他先察看了一家理发店，一眼就看出它非常脏，理发师本人衣着不整，而且头发凌乱，这说明这个理发师理得很蹩脚。再看另一家理发店，店面崭新，理发师的胡子刚刮过，而且头发修剪得非常好。科学家稍作思考，便返回了第一家理发店。你猜这是为什么呢？

Part5

想象思维游戏

　　想象力是在大脑中对已有的材料或知识进行加工改造，创造出新形象的能力。一个人的想象力是无穷无尽的，大脑是想象的源泉，当许多异想天开的想法在大脑中呈现的时候，你会感觉自己像骏马一般在草原上驰骋。

分橘子

难易程度:	所用时间: ( ) 分	要求:

甲、乙、丙三家约定9天之内各打扫3天楼梯。由于丙家有事，没能打扫，楼梯就由甲、乙两家打扫，这样甲家打扫了5天，乙家打扫了4天。丙回来以后就以9斤橘子表示感谢。

请问：丙该怎样按照甲、乙两家的劳动成果分配这9斤橘子呢？

激发想象力

难易程度：　　所用时间：（　　）分　　要求：

　　让你的朋友迅速做出反应，很快地说"牛奶"这个词15遍，在这个过程中，让他把"牛奶"与"母牛"联系起来。然后，让他不假思索地回答下一个问题"牛喝什么？"，他的回答一定能让你大吃一惊。不信就试一试！

大胆想象

难易程度：　　所用时间：（　　）分　　要求：

　　想知道你的想象力有多丰富吗？这儿就有一个检测你的想象力的难题：请观察下面一组图形，充分发挥你的想象力和创造力，看它们像什么？

近视眼购物

难易程度：　　所用时间：（　　）分　　要求：

　　李明因为长期躺在床上看书，日子一久就变成一拿掉眼镜就几乎看不见东西的高度近视眼。虽然平时他戴有框眼镜的次数多于戴隐形眼镜，但只有购买某件物品的时候，他觉得还是戴隐形眼镜比较适合。

　　请问：李明购买的是什么物品呢？

2	9	6	24
6	7	5	47
5	6	3	33
3	7	5	?

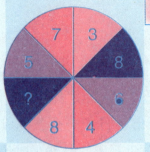

Part6

数字思维游戏

简单的数字0~9却能组成许多让人匪夷所思的问题，扣人心弦，吸引许多人的眼球。数字的魅力是巨大的，在我们的日常生活中，数字的奥秘无处不在。数字思维游戏可以帮助我们打开大脑活动的通道，让我们的思维更加灵活。

巧填算式

难易程度： ☆　　所用时间：（　　）分　　要求：

　　请你在下面的三道算式里分别填上合适的运算符号，使等式成立。

① 2 3 4 5 6 7 1＝51

② 5 6 7 1 2 3 4＝51

③ 6 7 1 2 3 4 5＝51

巧用1988

难易程度： ☆　　所用时间：（　　）分　　要求：

　　用1，9，8，8这4个数，不改变顺序，只在中间加上四则运算符号和小数点，就可组成算术式。列出4个式子，使其得数分别是1，9，8，8。

　　已知：$1×9-8÷8=8$。

1 9 8 8＝8

1 9 8 8＝9

1 9 8 8＝1

喝酒

| 难易程度： | 所用时间：（　）分 | 要求： |

在单位聚会上，一个人在喝啤酒，从上午11点喝到下午2点，每30分钟喝完一瓶。问这段时间内，这个人共喝了多少瓶子？

复杂的表格

| 难易程度： | 所用时间：（　）分 | 要求： |

2	9	6	24
6	7	5	47
5	6	3	33
3	7	5	?

仔细看表格，然后说出表格中的问号该填什么数。

和为99

| 难易程度: | 所用时间: （　）分 | 要求: |

将9，8，7，6，5，4，3，2，1九个数字按顺序用加号连起，使和等于99。（数字可以连用）

987654321

数字哑谜

| 难易程度: | 所用时间: （　）分 | 要求: |

这是一个数字的哑谜。请在右面打问号的地方填入适当的数，并说出算式中的图形分别代表什么数字。

$$□ + ◇ - ▽ = 6$$

$$▽ - △ + □ = 3$$

$$◇ × □ × ▽ = 140$$

$$◇ + ▽ + □ = ?$$

符号与数字

难易程度:	所用时间: （　）分	要求:

图中的每一种符号均代表一定数值。请问右侧的问号处应为什么数字？

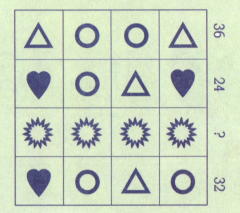

该填什么数字

难易程度:	所用时间: （　）分	要求:

如图所示，想想问号处该填入什么数字。

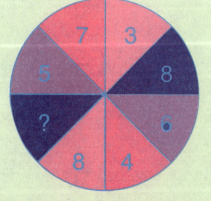

 最大和最小

难易程度：	所用时间：（　）分	要求：

　　用火柴排成下列算式，其值为17。现在只许移动1根火柴，使这道题结果最大；若要使运算结果最小，又该移哪一根呢？

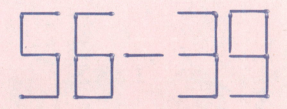

 三个数

难易程度：	所用时间：（　）分	要求：

　　有三个不是0的数的乘积与它们之和相等。请问：这三个数是什么？

数字方块游戏

难易程度： ★ 所用时间：（ ）分 要求：

在每一行、每一列，以及这个数字方块的2条对角线上，都包含了1、2、3、4几个数字。在这个数字方块里，已经标示了部分数字。你能根据这一规则把方框填写完整吗？

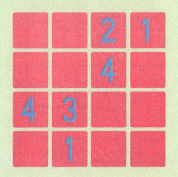

一题三解

难易程度： ★ 所用时间：（ ）分 要求：

这是一个用火柴排成的错误的算式，要使它成立，需移动其中的2根火柴。你觉得简单吗？可不要骄傲，它可有3种解答方式，而答案都不会相同。

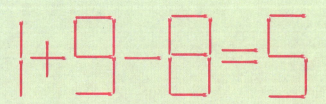

数字填空

难易程度：	所用时间：（　）分	要求：

按照图中数字的排列规则，问号处应该填什么数字？

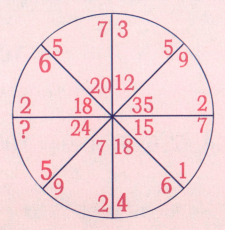

不变的值

难易程度：	所用时间：（　）分	要求：

图中的算式题结果是100，怎样从中拿走3根，使它的结果仍为100？

$$123-4-5-6-7+8-9=100$$

等于100

难易程度： 所用时间：（ ）分   要求：

①请在1，2，3，4，5，6，7，8，9之间添上7个"＋"和1个"×"，使其和为100。

① **1 2 3 4 5 6 7 8 9 = 100**

②在1，2，3，4，5，6，7，8，9中插入加减号共3个，使其和为100。

② **1 2 3 4 5 6 7 8 9 = 100**

 添1变18

难易程度： 所用时间：（ ）分   要求：

下图含有7个大小不等的三角形，你能找一个三角形加上去，使图内含有18个大小不等的三角形吗？

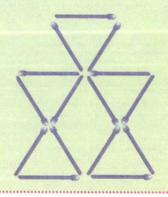

怎样合法销售

| 难易程度： | 所用时间：（　　）分 | 要求： |

　　在一些欧洲国家，星期天卖某些商品是违法的。像报纸、水果这种有时间性或易变质的商品可以出售；然而像图书和电器等在短期内不会失去效用性的商品，则不允许出售。商店应该怎么做才能在星期天把两种商品都合法地卖出去呢？

和与差

| 难易程度： | 所用时间：（　　）分 | 要求： |

　　随意说出2个数字来，你能迅速算出它们的和减去它们的差的结果吗？

　　比如，125和43，310和56。

奇怪的现象

难易程度： ★   所用时间：（   ）分   要求：

　　美国的一个魔术师发现这样一个奇怪的现象：一个正方形被分割成几小块后，重新组合成一个同样大小的正方形时，它的中间却有个洞！

　　他把一张方格纸贴在纸板上，按图1画上正方形，然后沿图示的直线切成5小块。当他照图2的样子把这些小块拼成正方形的时候，中间真的出现了一个洞！

　　图1的正方形是由49个小正方形组成的，图2的正方形却只有48个小正方形。究竟出了什么问题？那个小正方形到底到哪儿去了？

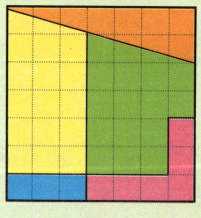

图1

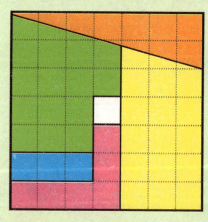

图2

数字思维游戏

葱为什么卖亏了

难易程度： 　　所用时间：（　　）分　　要求：

一捆葱有10斤重，卖1元钱一斤。

有个买葱人说："我全都买了，不过我要分开称，葱白7角钱一斤，葱叶3角钱一斤，这样葱白加葱叶还是1元，对不对？"卖葱的人一想，7角加3角正好等于1元，没错，就同意卖了。

他把葱切开，葱白8斤，葱叶2斤，加起来10斤，8斤葱白是5.6元，2斤葱叶6角，共计6.2元。

事后，卖葱人越想越不对，原来算好的，10斤葱明明能卖10元，怎么只卖了6.2元呢？到底哪里算错了呢？

优秀中学生最爱玩的 200个思维游戏

天气预报

难易程度：	所用时间：（ ）分	要求：

天气预报说今天半夜12点钟会下雨，那么再过72小时后会出太阳吗？

古书的厚度

难易程度：	所用时间：（ ）分	要求：

书架上从左至右并排放着两本线装古书，分别为上册、下册。这两本书的厚度都是2.5厘米，封面和封底的厚度也都是1.5毫米。有一只书虫钻进了书中，它从上册的封面开始啃书，一直啃到下册的封底。你能计算出这只书虫啃了多厚的书吗？

 **井底之蛙**

难易程度:	所用时间: （　）分	要求:

　　一只井底之蛙想出去见见世面，于是开始攀爬井壁。每爬一次，就上升3米，但每次上升前会下落2米，已知井深10米。请问：这只青蛙要攀爬几次才能爬出井去？

 快速计算

难易程度:	所用时间: （　）分	要求:

　　已知：A×B=12，B×C=13，C×D=14。那么，A×B×C×D=?

一步之差

难易程度：   所用时间：（   ）分   要求：

    在课堂上，老师出了这样一道题目：怎样移动一根火柴棒，就可以让下图中的等式成立（约等于也可以）？

    甲移动了一根火柴，只差一点就完全相等了。而乙同样是移动了甲刚才动过的那根火柴，竟使答案更接近了。你知道他们是怎么移动火柴的吗？

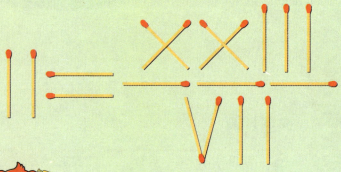

好客的花花

难易程度：   所用时间：（   ）分   要求：

    星期天，花花家来了很多客人。花花就把自己藏了很久的棉花糖拿出来给大家分享。如果每人分5颗那还少3颗，如果每人分4颗就还剩3颗。你知道花花家来了多少个客人，她有多少颗糖吗？

数学天才的难题

| 难易程度： | 所用时间：（　）分 | 要求： |

杜登尼是一位数学天才，这是他所提出的一个非常难解的七边形谜题。请在右图中填入1到14的数字（不能重复），使得每边的三个数之和等于26。

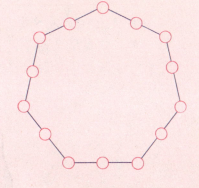

猎人的收获

| 难易程度： | 所用时间：（　）分 | 要求： |

有一天，猎人出去打兔子，直到天黑才回到家。他的妻子问："你今天打了几只兔子？"猎人说："打了6只没头的，8只半个的，9只没有尾巴的。"聪明的妻子马上就明白他打了几只。你知道吗？

运动服上的号码

难易程度： 　　所用时间：（　　）分　　要求：

　　小小参加学校的运动会，他的运动服上的号码是个四位数。一次，同桌倒立着看小小的号码时，发现变成了另外的四位数，比原来的号码要大7875。你知道小小的运动服上的号码是多少吗？

 ### 冷饮花了多少钱

难易程度： 　　所用时间：（　　）分　　要求：

　　一个人在饭店吃中午饭，再加冷饮，共付6元，饭钱比冷饮多5元。请问：冷饮花了多少钱？

文具的价格

难易程度：⭐　所用时间：（　　）分　　要求：✏️

2枝圆珠笔和一块橡皮是3元钱；4枝钢笔和一块橡皮是2元钱；3枝铅笔和1枝钢笔再加上一块橡皮是1.4元。请问：每种文具各一个在一起是多少钱？

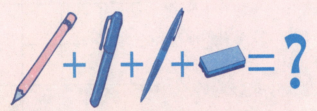

买鸡卖鸡赚了多少钱

难易程度：⭐　所用时间：（　　）分　　要求：✏️

一个人从市场上花8元钱买了只鸡，买了之后想想不合算，9元钱卖了。卖掉之后突然又嘴馋，于是花10元买了回来。回家一看家里有鸡，于是11元又卖掉了。这个人赚了多少钱？

和为18

| 难易程度: | 所用时间:（　）分 | 要求: |

请你将 1～8 这 8 个数字分别填到右图中的 8 个方格内，使方格里的数不论是上下左右中，还是对角的四个方格以及四个角之和都等于18。想想你该怎么填？

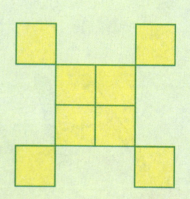

看鲜花填数字

| 难易程度: | 所用时间:（　）分 | 要求: |

请问图中问号处应填什么数字？

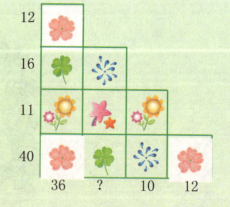

共有多少只蜜蜂

难易程度:	所用时间: （　）分	要求:

　　一只蜜蜂外出采花粉，发现一处蜜源，它立刻回巢招来10个同伴，可还是弄不完。于是每只蜜蜂回去各找来10只蜜蜂，大家再采，还是剩下很多。于是蜜蜂们又回去叫同伴，每只蜜蜂又叫来10个伴，但仍然采不完。蜜蜂们再回去，每只蜜蜂又叫来10个同伴。这一次，终于把这一片蜜源采完了。

　　你知道采这块蜜源的蜜蜂一共有多少只吗？

火烧山倒，
树毁多少；
大人不在，
云力自烧。

Part7

语言表达思维游戏

　　语言表达能力在人与人的交际中显示着不可估量的作用。良好的语言表达能力可以帮助你在竞争中获得比别人更多的机会，帮助你树立充足的自信心，是走向社会、取得成就的万能绿卡。

语文老师的难题

难易程度：	所用时间：（　）分	要求：

下图的黑板上是一位语文老师写的诗。每句诗打一个字，这4个字合起来就是一个四字成语。请你开动脑筋想想这个四字成语是什么。

火烧山倒，
树毁多少；
大人不在，
云力自烧。

有趣的字谜

难易程度：	所用时间：（　）分	要求：

下面是一个非常有趣的字谜，你能猜出答案来吗？

去上面是字，去下面是字。
去中间是字，去上下是字。

猜一猜典故谜语

难易程度:	所用时间: ( ) 分	要求:

　　典谜是指以史实为典故，以传说故事为谜面隐喻谜底的谜语。这种特殊谜语是灯谜中的佼佼者，妙造自然，鬼斧神工。猜谜时要弄清所用典故、故事的来龙去脉以及基本内容。

　　①精忠报国。（称谓二）

　　②不可沽名学霸王。（成语一）

　　③鲁达当和尚。（成语一）

　　④朝辞白帝，暮至江陵。（成语一）

　　⑤枕中记。（《红楼梦》诗句一）

　　⑥孤灯挑尽未成眠。（《阿房宫赋》句一）

　　⑦七擒七纵。（杂志名称一）

　　⑧桃花潭水深千尺。（成语之一）

　　⑨关公坐失华容道。（字一）

　　⑩无面目见江东父老。（字一）

唐诗填字谜

 难易程度： 所用时间：（　）分　　要求：

　　唐诗填字谜是运用灯谜"漏字法"手法，先填好唐诗句中的空格，然后顺着填进的字，运用借巧、烘托、增损等手法，另成谜底。

　　（1）二十四＿明月夜。（戏曲影片名）

　　（2）旧时王谢堂前＿。（影片名一）

　　（3）转轴拨＿三两声。（影片名一）

　　（4）＿能得几回闻。（影片名一）

　　（5）今＿不乐思岳阳。（影片名一）

　　（6）鸳鸯不独＿。（影片名一）

　　（7）宠极＿还歇。（影片名一）

　　（8）＿不与周郎便。（京剧名一）

　　（9）相见时＿别亦＿。（成语一）

　　（10）孤帆天＿看。（成语一）

　　（11）言师采＿去。（中药名一）

　　（12）＿长江滚滚来。（成语一）

　　（13）我辈岂是蓬蒿＿。（成语一）

概念或名词

 难易程度： 所用时间：（　）分　　要求：

　　由下列给出的提示项推理一个概念或名词。

　　A. 楚汉之争　　B. 纸上谈兵　　C. 三十二　　D. 拿不定主意

提示性推理

| 难易程度： ⭐ | 所用时间：（　）分 | 要求： |

由下列给出的提示项推理一个概念或名词。

A.元末明初　　B.三顾茅庐

C.一部历史画卷

李白沽酒

| 难易程度： ⭐ | 所用时间：（　）分 | 要求： |

李白街上走，提壶去买酒。

遇店酒加倍，见花喝一斗。

三遇店和花，喝光壶中酒。

问：壶中原有几多酒？

猜中国城市名称

| 难易程度: ★ | 所用时间: ( ) 分 | 要求: |

空中码头——（　　　）　　　风平浪静——（　　　）

快乐之地——（　　　）　　　日近黄昏——（　　　）

河湖解冻——（　　　）　　　千里戈壁——（　　　）

金银铜铁——（　　　）　　　带枪的人——（　　　）

珍珠港——（　　　）　　　烽火哨——（　　　）

银河渡口——（　　　）　　　共产主义——（　　　）

久雨初晴——（　　　）　　　秦朝的耕地——（　　　）

春城无处不飞花——（　　　）

可以替代的词

| 难易程度: ★ | 所用时间: ( ) 分 | 要求: |

下面6个词组中的动词大多不能互换，然而有一个字是可以替代所有的动词的，你知道是哪一个吗？

①跳水　②买油　③砍柴

④做短工　⑤写字　⑥敲鼓

Part8

观察思维游戏

　　通过观察来把握事物的形体、色彩、结构等特征，达到全面深入认识事物的能力。观察能力是打开智力的门户，是想象力、创造力和艺术表现力的基础，通过观察能力的锻炼，可以提高思维的敏锐性。

四等分图形

难易程度：	所用时间：（　）分	要求：

你能将下面6个图形分成4个形状、大小完全一样的且与原图形相似的小图形吗？

最后一张扑克牌

难易程度：	所用时间：（　）分	要求：

你能根据前面5张扑克牌的排列规律，找出最后一张扑克牌是什么牌吗？

互看脸部

难易程度:	所用时间: ( ) 分	要求:

　　两个女人一个面向南一个面向北站立着，不允许回头，不允许走动，也不允许照镜子，她们怎样才能看到对方的脸？

问号处该填什么

难易程度:	所用时间: ( ) 分	要求:

　　下面这道题目经常出现在公务员的考试中。请仔细观察，想想问号处该填什么。

●	▲	☆	●	●
☆	▲	☆	▲	▲
▲	●	●	☆	☆
●	☆	▲	●	●
?	▲	●	☆	▲

魔术阶梯

难易程度：　所用时间：（　　）分　　要求：

这个魔术阶梯是有名的施罗德阶梯，如果你将它倒过来看就知道它有什么特别之处。

现在请在每一阶上各放一张黑色和白色的卡片，使每一阶卡片的数字之和为5个连续的数字，即：9，10，11，12，13。

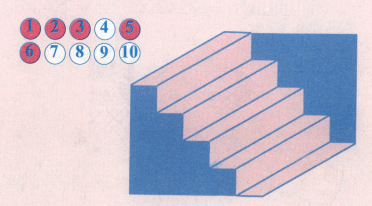

哪个图形不同

难易程度：　所用时间：（　　）分　　要求：

下面4个图形中有一个与其他3个不同，请找出来。

A　　　　　　B　　　　　　C　　　　　　D

不一样的图形

难易程度: ⭐　所用时间: （　）分　　要求: 👁

下面5幅图, 有1幅与其他4幅不一样, 你能挑出来吗?

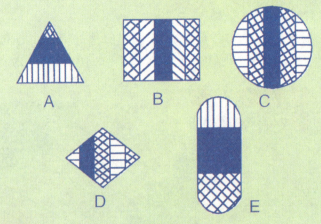

骰子布局

难易程度: ⭐　所用时间: （　）分　　要求: 👁

用下边的骰面布局, 能构成A、B、C、D、E中的哪一种情形?

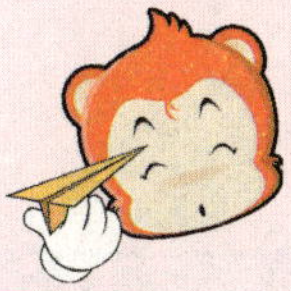

纠错

难易程度：　　所用时间：（　　）分　　要求：

下图从1A到3C的9个小方格中的图形，是由上方A、B、C与左边1、2、3中各一幅图相叠加而成。但其中有一图形叠加错了，请找出来。

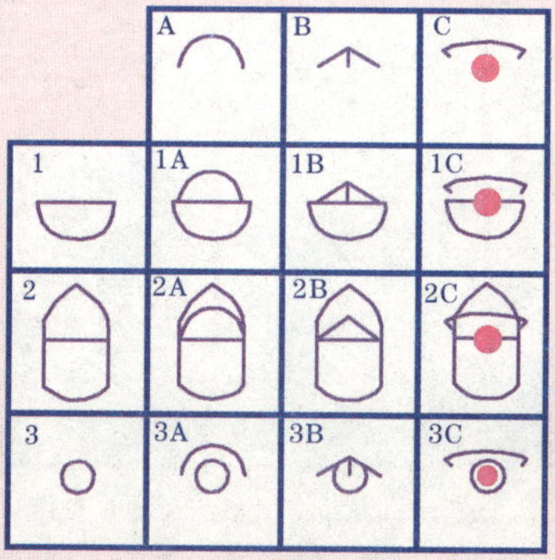

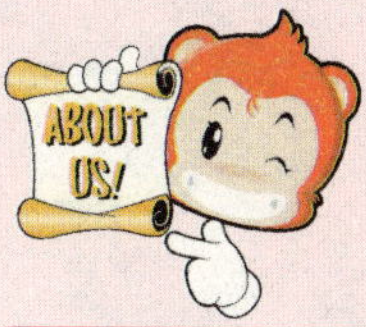

与众不同的图形

难易程度：　　所用时间：（　　）分　　要求：

下面5个图形中，有一个图形与其他四个图形不同，请把它挑出来。

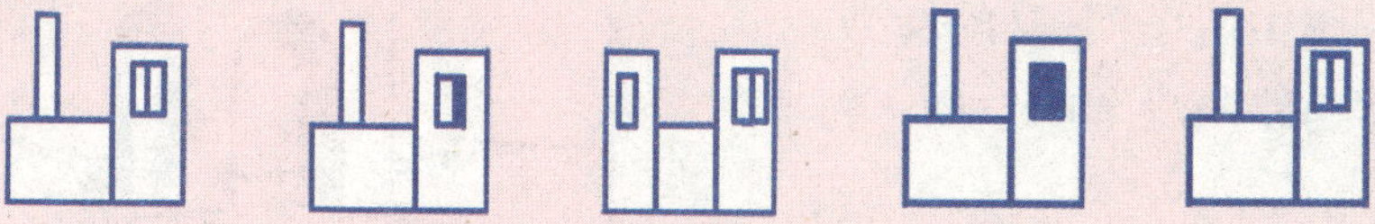

A　B　C　D　E

最高的人

| 难易程度： | 所用时间：（　）分 | 要求： |

仔细看下图，3个人中，最高的是哪一位？

矫正视觉

| 难易程度： | 所用时间：（　）分 | 要求： |

仔细观察右图，然后作判断：
①图中两个门一样大吗？
②马路与房子的一面平行吗？

找相似

难易程度:	所用时间: （ ）分	要求:

A、B、C、D、E中，哪一个图只需加一条直线就与最上面的图形相似？

A

B

C

D

E

花数相连

难易程度:	所用时间: （ ）分	要求:

图中方框里的每一种花代表一定的数值，上方和右方标示出竖列和横向各数相加之和。请在问号处填上正确的数字。

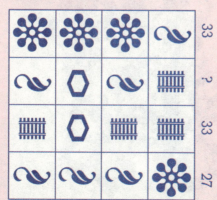

哪一个图形相似

难易程度： 所用时间：（　）分 要求：

右边图形中，A、B、C、D、E 5个图形中哪一个图形加上一点与最左边的图形相似？

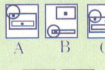

哪个字母不见了

难易程度： 所用时间：（　）分 要求：

这里原本应该有26个字母，但事实上少了1个，你能看出哪一个字母不见了吗？

迷宫

| 难易程度: ⭐ | 所用时间: （ ）分 | 要求: 👁 |

眼睛盯着这张图，同时将本书绕着转，你应该会看到好几条奇怪的辐射线条。如果你觉得还不够难，试着走出这个迷宫看看。

拼独特的图案

| 难易程度: ⭐ | 所用时间: （ ）分 | 要求: 👁 |

四格拼板是用4个小正方形组成不同的形状，共可以组成5种图案（如图）。五格拼板则是用5个小正方形拼起来的图案。

请问：五格拼板可以拼多少种独特的图案呢？

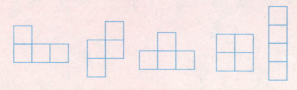

缺少哪一块

难易程度:	所用时间: ( ) 分	要求:

图中最后一个轮子缺的应是哪一块？请补充完整。

视觉幻象

难易程度:	所用时间: ( ) 分	要求:

这个谜题用到了一个有名的视觉幻象。图中只有一枝箭的箭尾和箭头是配对的，请你找出来。

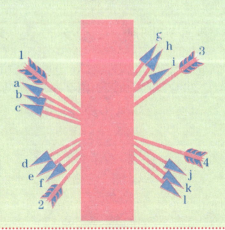

Part9

图形转换思维游戏

将简单的图形通过旋转、填补、切割等方式，使图形具有更强的思维空间，在复杂的图形组合中找出解决问题的方式和方法。图形转换思维帮助你把握立体空间感觉，以及锻炼图形分割与拼接的能力。

拼11

难易程度：	所用时间：（　　）分	要求：

用3根火柴拼出两种"11"的写法。

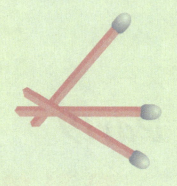

小猴的游戏

难易程度：	所用时间：（　　）分	要求：

　　聪明的小猴拿着10根火柴棒在院子里摆弄不停。小兔子问他在干什么，小猴说他要完成妈妈交给他的任务：用10根火柴拼成一个含有10个三角形、2个正方形、2个梯形和5个长方形的图形。可小猴怎么拼也达不到妈妈的要求，小兔子一把接过他手中的火柴棒，两三下就拼成了。你知道小兔子拼成的图是什么样的吗？

横竖都是6

难易程度：	所用时间：（　　）分	要求：

有10枚硬币，要求按照"十"字形状排列，使得不论横着或竖着数都是6枚。想想该怎么摆？

扩大水池的方法

难易程度：	所用时间：（　　）分	要求：

下图中有一个正方形水池，水池的4个角上栽着4棵树。现在要把水池扩大，使它的面积增加一倍，但要求仍然保持正方形，而且不移动树的位置。你有什么好办法吗？

10根变9根

难易程度: 　所用时间: (　　) 分　要求:

有10根相等间隔的平行线，不再添加线，怎样使其变成9根？

生日蛋糕如何分

难易程度: 　所用时间: (　　) 分　要求:

　　今天是聪聪的10岁生日。舅舅给他送来了一个特别大的圆形蛋糕。可即使是聪聪的生日，舅舅还是要考一下他，舅舅对聪聪说："如果你能把这块蛋糕分成完全一样的两份——不但一样重，形状也要相同，而且分出来的形状必须全部由曲线组成，不准有直线段，那我就再奖励你一份礼物。"聪聪盯着蛋糕看了半天也不敢动手。你能帮帮他吗？

一笔勾图（1）

难易程度： 　所用时间：（　）分　要求：

　　下面这6幅图有一些是可以一笔画出来的，有一些是不能一笔画出来的。你能判断哪些图能一笔画出来，哪些图不能一笔画出来吗？要求是不能重复已画的路线。

1　　　　2　　　　3

4　　　　5　　　　6

一笔勾图（2）

难易程度： 　所用时间：（　）分　要求：

　　下面3个图，你能一笔勾出的有几个？

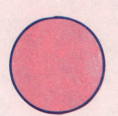  

三分土地

难易程度：⭐　　所用时间：（　）分　　要求：👁

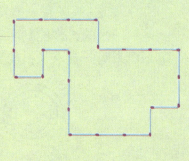

　　美国有一个农场主，家里有一块地，形状如右图。他有3个儿子，儿子长大后，农场主决定把地分成3份给3个儿子。要求不仅面积一样大，形状也得相同。你知道需要增加几根火柴才能按要求摆出分地示意图吗？

切正方形

难易程度：⭐　　所用时间：（　）分　　要求：✏👁

　　一个正方形的桌面有4个角，切去一个角，还剩几个角？

　　不要过于轻率地认为这是一个简单的减法，仔细想一想，会有什么样的结果呢？

　　提示：有3种切法。

如何种树

难易程度: 所用时间: ( ) 分 要求:

　　有一块地上栽着16棵美丽的树，它们形成12行，每行4棵树（如下图）。其实，这16棵树可以形成15行，每行4棵树。你知道应当怎样栽种吗？

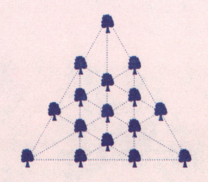

复杂的图形

难易程度: 所用时间: ( ) 分 要求:

　　请你数一数在右面这个复杂的图形中有多少个正方形，有多少个三角形。

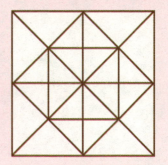

"鬼迷路"

难易程度: ⭐　　　所用时间: (　　) 分　　　要求:

一天晚上, 3个探险家为了抄近路, 决定从宽4千米的山谷中穿过。他们走了很久, 按时间计算应该到达目的地了, 但每次总是莫名其妙地回到出发点附近。这就是人们经常说的"鬼迷路"。你知道是怎么回事吗?

经典的几何分割问题

难易程度: ⭐　　　所用时间: (　　) 分　　　要求:

这是一道经典的几何分割问题。

请将这个图形分成四等份, 并且每部分都必须是现在图形的缩小版。

 排队

| 难易程度: | 所用时间:（　）分 | 要求: |

问：10个人要站成5排，每排要有4个人，怎么站？

 分图片

| 难易程度: | 所用时间:（　）分 | 要求: |

这里有6张大小不一、形状又不规则的图片，现在要把它们各分成形状、大小都一样的两块。该怎么分？

六角星变长方形

难易程度：⭐　所用时间：（　）分　要求：👁

　　这是一个六角星，如果要把它拼成一个长方形，该怎么拼？

智者的趣题

难易程度：⭐　所用时间：（　）分　要求：👁 ✏

　　听说智者要招收最后一个学生，很多聪明的人都想成为智者的学生，以便学到更多的知识。他们来到智者的门前，看到了智者画在墙上的6个小圆（如下图）。旁注说：现在要把3个小圆连成一条直线，只能连出两条，如果擦掉一个小圆，把它画在别的地方，就能连出4条直线，且每条直线上也都有3个小圆。谁能第一个画出，我就收谁做我的学生。

巧移1根

难易程度：⭐　　所用时间：（　　）分　　要求：👁️ ✏️

图中3道算式都不相等，每次移动1根火柴使每道算式相等。你能做出几道题？

$1+4-11 2=3 2$

$3+5=74$

$14-11+1=4$

立体图形

难易程度：⭐　　所用时间：（　　）分　　要求：👁️

根据立体图形的透视原理，你知道下图是由多少块积木堆砌而成的立体图形吗？

找不对称的图形

难易程度：　　　所用时间：（　　）分　　　要求：

对称有上下对称、左右对称和旋转对称，但在下面四组图中，只有一组与其他三组都不对称，请找出不对称的一组。

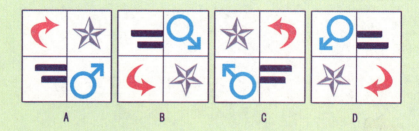

A　　　　　　B　　　　　　C　　　　　　D

修黑板

难易程度：　　　所用时间：（　　）分　　　要求：

图中这块黑板的两个角掉了。你能不能不用其他木料而把它拼成一块完整的黑板呢？

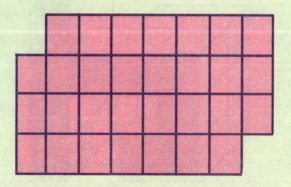

一个比四个

| 难易程度: | 所用时间: （　）分 | 要求: |

有两个一样大的正方形，一个正方形内有一个内切圆，另一个正方形分成了4个完全相同的小正方形，每个小正方形内有一个内切小圆。请问：4个小圆的面积之和与大圆的面积哪个大？

巧摆木棍

| 难易程度: | 所用时间: （　）分 | 要求: |

有4根10厘米长的木棍和4根5厘米长的木棍，你能用它们摆成3个面积相等的正方形吗？

四等分五边形

难易程度： 所用时间：（ ）分 要求：

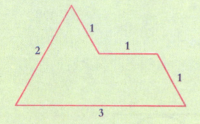

你能将左图的五边形分成形状、大小完全一样且与原五边形相似的4个小五边形吗？

要多少块地板砖

难易程度： 所用时间：（ ）分 要求：

　　如图所示，用41块明暗相间的地板砖可摆成对角线各为9块地板砖的图形。如果要摆成一个类似的图形，使对角线有19块地板砖，总共需要多少块地板砖？

选图填空

难易程度:	所用时间:（　）分	要求:

观察这个由六边形组成的图案，找出空白的六边形里应该填什么图案。

A

B

C

分解小船

难易程度:	所用时间:（　）分	要求:

欧皮皮用火柴摆了一艘小船，然后移动了其中的4根火柴，这个图形就变成了有3个梯形和2个三角形的图形。你会移吗？

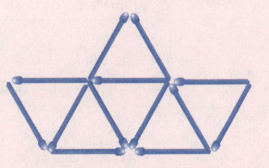

还需多少方块

难易程度：	所用时间：（　）分	要求：

　　下图中所有的方块尺寸相同，在不移动图中已有的方块的前提下，还需多少块方块才能构成一个立方体？

摆放不规则

难易程度：	所用时间：（　）分	要求：

　　左面有4颗摆放很不规则的星星，你能用一个正方形将它们连在一起吗？

翻转梯形

| 难易程度： | 所用时间：（　　）分 | 要求： |

右图是由23根火柴摆成的含有12个小三角形的梯形，最少移动几根，可以让它倒转过来呢？

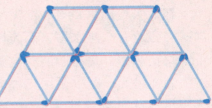

巧摆正方形

| 难易程度： | 所用时间：（　　）分 | 要求： |

用12根火柴可摆出1大4小5个正方形。变换一下，看你有没有办法摆出2大3小的5个正方形。

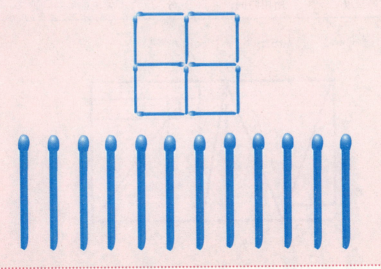

湖光塔影

难易程度: 　所用时间: （　）分　要求:

　　在北大校园里，有一池湖水叫未名湖；它旁边有一座水塔，名为博雅塔。塔倒映在水中，是燕园的一大景观，称之为湖光塔影。图中是用10根火柴摆的一座塔，你只要移动其中的3根火柴，"湖光塔影"便会呈现在你面前！

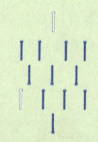

找长方形

难易程度: 　所用时间: （　）分　要求:

　　图中一共可以找出多少个长方形？

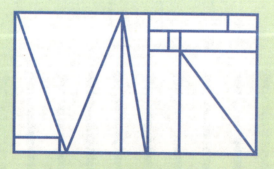

图形互补

| 难易程度: | 所用时间: （　）分 | 要求: |

请问A、B、C、D、E这5个图形中，哪一个跟上面的图形互补？

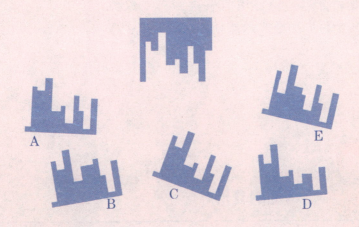

巧移火柴

| 难易程度: | 所用时间: （　）分 | 要求: |

　　下面是淘气鬼扔下的烂摊子。请你移动其中的一根火柴使等式成立。

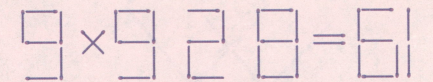

月牙

难易程度：　所用时间：（　　）分　要求：

　　月初的时候，月亮显现出来的是月牙形。请你用两条直线把一个月牙形分成六部分。

增加的菱形

难易程度：　所用时间：（　　）分　要求：

　　16根火柴可搭成3个大小不等的菱形，而且每次移动其中的2根火柴，菱形就会增加一个，连续移动5次后，菱形就变成了8个。你说这可能吗？

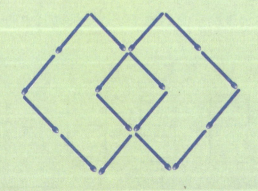

14个正三角形

难易程度：　　所用时间：（　　）分　　要求：

　　如右图，有4个正三角形，你能否再添加一个正三角形，使之变成14个正三角形呢？

多少个等边三角形

难易程度：　　所用时间：（　　）分　　要求：

　　发挥你的想象力，仔细数一数，下面图形中到底有多少个大小不同的等边三角形？

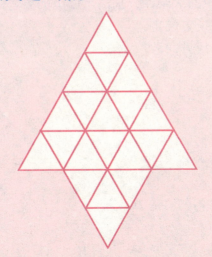

自制扇子

难易程度：　所用时间：（　　）分　要求：

　　小红有两个类似于银杏叶的扇子，但她觉得风不够大，想把它们各剪一刀拼成一个正方形。你能帮帮她吗？

反方向运动的猪和鱼

难易程度：　所用时间：（　　）分　要求：

　　请你动最少的火柴，分别满足以下的要求：
① 让猪往反方向走。
② 让鱼往反方向游。

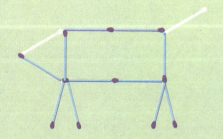　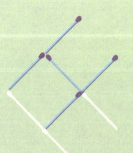

Part10

创 新 思 维 游 戏

　　创新思维能力比较强的人在直觉和感性的反应上也比较敏锐，会拥有较强的探索能力和冒险精神，他们的头脑中所迸发出的金点子总会引来别人羡慕的眼光。在思维革新中，创新思维是必不可少的重要方面。

水壶变空

难易程度： ☆　　所用时间：（　）分　　要求：

满满一大壶水，足有10斤重，一口只能喝半杯，你能在10秒内让水壶一下子变空吗？

 大于3，小于4

难易程度： ☆　　所用时间：（　）分　　要求：

用3根火柴摆出一个符号，要大于3，小于4。应该怎么摆？

 < <

不湿杯底

难易程度：　　所用时间：（　　）分　　要求：

有一个玻璃杯，杯子底部的里面是干的，现在把杯子放进装满水的盆子里，但要使杯子的底部仍是干的，你能做到吗？

邮票有几枚

难易程度：　　所用时间：（　　）分　　要求：

6角的邮票每打有12枚，那么1.2元的邮票每打应有几枚？

真花和假花

难易程度： 　　所用时间：（　　）分　　要求：

　　山脚下春意盎然，蝴蝶和蜜蜂在花丛间飞舞着，养蜂人的妹妹拿来两朵一模一样的花让哥哥猜哪一朵是真花，哪一朵是假花，但只能远远地看，不能用手去摸，更不能去闻。

　　如果是你，你该怎么办？

标点的妙用

难易程度： 　　所用时间：（　　）分　　要求：

　　标点不仅仅应用在写作中，正确使用标点符号对解数学题也有很大帮助。下面是一道没有标点的古代数学题，你能正确标出标点，然后计算出来吗？

　　"三角几何共计九角三角三角几何几何"

蚂蚁过地下通道

难易程度： 所用时间：（　）分　　要求：

一只蚂蚁在地下通道里爬行，对面又来了一只。由于通道非常狭窄，只能单只通过。幸好，通道一侧有个凹处，刚好能容得下一只蚂蚁，可不巧的是，里面有一个小沙粒，把它移出来后又把通道堵住了，还是无法通行。两只蚂蚁应该怎么做才能都顺利通过呢？

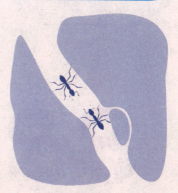

半盒子鸡蛋

难易程度： 所用时间：（　）分　　要求：

往一只盒子里放鸡蛋，假定盒子里的鸡蛋数目每分钟增加一倍，一小时后，盒子满了。请问：在什么时候是半盒子鸡蛋？

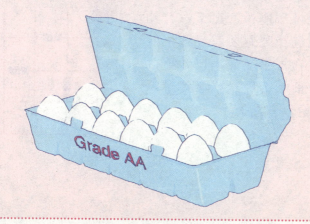

"8" 的奥秘

难易程度：	所用时间：（　　）分	要求：

　　将6个8组成若干个数，使其相乘和相加后等于800，你该如何排？

有几条路线回家

难易程度：	所用时间：（　　）分	要求：

　　想要走最短的路线回家（换句话说就是一直往南或往东走），而且要刚好经过一座桥，那么，有几条路线可以选择呢？要解答这个问题，你可以在每个交叉路口计算，到一个路口前不会经过或会经过一座桥的路线分别有几条。

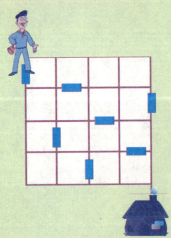

搭桥

难易程度: 所用时间: ( )分 要求:

你能将13块红砖或砖形模具、积木搭成下图的桥形吗?

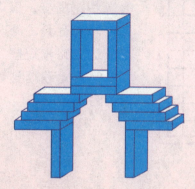

调转火柴

难易程度: 所用时间: ( )分 要求:

取9根火柴，将其排成1行，其中只有1根头朝上。现要求每次任意调动7根，到第4次时所有的火柴头都要朝上。试试看，你能做到吗?

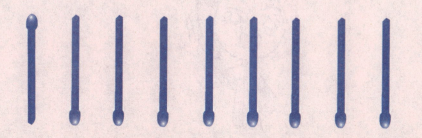

谁走的路短

难易程度： 所用时间：（ ）分　　　要求：

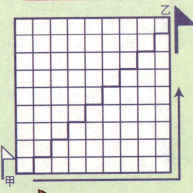

一座小城里有许多纵横交错的街巷。皮皮、琪琪两人要从甲处出发步行到乙处，琪琪认为沿着城边走路程短些，皮皮认为在城里穿街走巷路程短。你认为他俩谁的路程短些？

巧倒粮食

难易程度： 所用时间：（ ）分　　　要求：

先往一个袋子里装绿豆，用绳子扎紧袋子中部后，再装进小麦。在没有任何容器，也不能将粮食倒在地上或其他地方的情况下，你能只把绿豆倒入另一个空袋子中吗？

燃香计时

难易程度： ⭐   所用时间：（   ）分   要求：

有两根粗细不一样的香，香烧完的时间都是一个小时。用什么方法能确定一段长45分钟的时间？

红豆和绿豆

难易程度： ⭐   所用时间：（   ）分   要求：

用一个锅同时炒红豆和绿豆，炒熟后往外一倒，红豆与绿豆便自然分开，请问该怎么炒？

Part11

判断思维游戏

　　任何一个事情都有真的或假的、正确或错误之分，这就需要我们进行精确的判断，得出正确的结果。同一个判断可以用不同句子来表达，同一个句子也可以有不同的判断，你的判断能力高低如何，本章将带你一试分晓。

还有几条活蚯蚓

难易程度： 　　所用时间：（　　）分　　要求：

汤姆钓鱼时喜欢用蚯蚓当鱼饵。这天，他共抓了5条蚯蚓，后来分鱼饵时把其中2条蚯蚓切成了2段。这时，汤姆还有几条活蚯蚓？

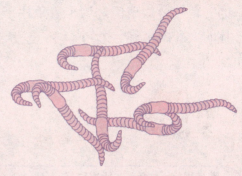

愚昧的贵妇人

难易程度： 　　所用时间：（　　）分　　要求：

从前，有一个贵妇人的脖子上挂着一个特别大的钻石项链。这条项链的挂坠上镶有25颗呈十字架排列的钻石。拥有这件无价之宝的贵妇人平日里最喜欢清点十字架上的钻石，她无论是从上往下数，还是从左往上数或者从右向上数，答案都是13。但是，无意间贵妇人的这三种数法被工匠师知道了。当贵妇人拿着被工匠师修理好的挂坠，当面清点完回家后，工匠师正看着手里从挂坠上取下的钻石偷偷乐。

你知道工匠师在哪个地方动了手脚吗？

三角柱体展开图

难易程度：★　　所用时间：（　）分　　要求：👁

这是从某个角度观察所画出的三角柱体。请问，这个三角柱体的展开图是哪一个？

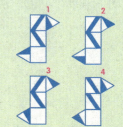

一封假遗书

难易程度：★　　所用时间：（　）分　　要求：

在旧金山的一家旅馆内，有位客人服毒自杀，名探詹姆接到报案后前往现场调查。

被害者是一位中年绅士，从表面迹象看，他是因中毒而死亡。

"这个英国人三天前就住在这里，桌上还留有遗书。"旅馆负责人指着桌上的一封信说。

詹姆小心翼翼地拿起遗书细看，内文是用打字机打出来的，只有签名及日期是用笔写上的。

詹姆凝视着信上的日期——3.15.99，然后像是得到答案似的，说："若死者是英国人，则这封遗书肯定是假的。相信这是一宗谋杀案，凶手可能是美国人。"

究竟詹姆凭什么这么说呢？

不打自招的凶手

难易程度： 　所用时间：（　）分　　要求：

　　侦探小说作家A先生，有一晚在家里写小说时，被人用棒球的球棒从背后击毙。书桌上的一盏台灯亮着，窗户紧闭。

　　报案的是住在对面公寓里的张某。他向赶到现场的警方所做的说明是这样的："当我从房间向外看时，无意间发现A先生书房的窗口有个影子高举着木棍，我感觉不妙，所以赶紧给你们打电话。"

　　但聪明的刑警听了以后却说："你说谎！你就是凶手！"说罢便将张某逮捕归案。

　　张某说谎的证据在哪里？

 说变就变

难易程度： 　所用时间：（　）分　　要求：

　　有一张卡片如图1，只要在它上面剪一刀，就能拼出另一张如图2的卡片来。你会拼吗？

图1

图2

农夫的话

一天晚上，市政府大楼被盗，警局接到报案后，火速赶往现场。经过紧张的现场勘查、询问证人等一系列程序后，他们把怀疑的焦点集中在附近一个农户家里。

警察问农夫："昨天晚上发生的事，你知道吗？"

"知道，就是政府被盗。可我一直在家，没有出去，不能为你们提供更多的线索。"

"你在家干什么？"警察追问。

"我家养的十几只鸭子在孵蛋，我准备接小鸭子出生。"

你认为农夫的话可信吗？

自杀还是他杀

难易程度：　所用时间：（　　）分　　要求：

　　这天，宋警官接到报案，说有人在家里自杀了。宋警官与助手很快赶到案发现场。只见死者全身盖着毛毯躺在床上，头部中了一枪，使用过的手枪滑落在地上。床头柜上放着一张纸，上面写着："我赌输了钱，负债累累，只有一死了之……"助手看完现场，没有发现什么可疑的迹象，便说："看来这人是自杀的。"

　　宋警官没有作声，又走近床边，揭开盖在死者身上的毛毯，看了看说："他不是自杀。"助手不解，问为什么。宋警官向他解释了一番，助手恍然大悟。不久，他们捉住了杀人凶手。

　　宋警官根据什么断定这不是自杀？

洞中捉鸟

难易程度：　所用时间：（　　）分　　要求：

　　田田在捕鸟时，发现一只小鸟飞进一个小洞里躲了起来。小洞很狭窄，手伸不进去，如果用树枝戳的话，又会伤害小鸟。你能想一个简便的办法，把小鸟从洞里捉出来吗？

牵牛花的罪证

难易程度：　　所用时间：（　　）分　　要求：

　　夏日的早晨，一家大型超市的出纳上班时发现保险箱被撬了，共失窃价值25万元的财物。警方在箱体上发现了罪犯留下的指纹，并确定作案时间是凌晨2至4点。经过调查，给超市送货的食品公司货车司机的指纹与现场作案指纹相符。

　　警方传讯了司机，可司机却说这段时间他正在家中拍摄牵牛花开花的过程，并拿出了拍摄照片。审讯陷入僵局。

　　迷惘的刑警来到植物研究所，请教了专家，证实牵牛花确实是在夏日早晨开放。而且经对比，确认拍摄的照片就是司机家中的那盆花。这就怪了，不同人的指纹是不可能相同的。

　　那么司机究竟是不是盗窃犯呢？如果是，那他又是采取什么办法分身的呢？

 银店抢劫案

难易程度：　所用时间：（　　）分　　要求：

市区的一家银店遭劫。营业员指控科恩是作案者："银店刚开门，科恩就闯进来了。当时我正背对着门，他用枪抵在我背上，命令我不准转过身来，并叫我把壁橱内的所有银器都递给他。我猜他把银器装进了手提包，他逃出店门时，我看见他提着包。"

警长问："这么说，你一直是背对着他的，他逃出店门时又背对着你，你怎么知道他就是科恩呢？"营业员说："我看见了他的影像。我们的银器总是擦得非常亮，在我递给他一个大水果碗时，我见到他映在碗中的头像。"

在一旁静听着的亨利探长发出了警告："不要再演戏了，快把偷走的银器送回来，或许能减轻对你的惩处。"

探长为什么断定营业员是罪犯？

移花接木

难易程度：　　　所用时间：（　　）分　　　要求：

　　亚美死在卧室里，尸体是被来访的记者朋友发现的。他立刻拨打了110，刑警和法医以最快的速度赶到了现场。

　　大约过了1个小时。"死因和死亡时间出来了吗？"刑警问法医。

　　"是他杀，大概已死了24个小时了，但现场没有作案的痕迹。"法医回答。

　　"那就奇怪了。"

　　刑警忽然注意到桌子上的蜡烛在燃着，他顺手打开日光灯，却发现停电了。猛然，他意识到了什么。

　　"原来这尸体是从别处移过来的。"

　　请问，刑警是凭什么做出推理的？

千万富翁的遗书

难易程度：	所用时间：（　）分	要求：

千万富翁维克多乘坐私人直升飞机到别墅度假。一小时之后，直升机折回机场。驾驶员向警方报案称：维克多在飞行途中，突然打开舱门跳机自杀了，坐椅上留有一封遗书。

警方立即到直升机上查看，果然发现维克多所坐的椅子上有一封遗书，其内容是说他已厌倦人生，所以自杀，与别人无关等等。警方经过调查研究，发现了一个很大的破绽，于是立即将驾驶员拘捕，指证是他把维克多推出机外，然后把遗书放在坐椅上的。

请你动动脑筋，警方为何得出这样的结论？

口红印记

难易程度:	所用时间: （　）分	要求:

　　英国一名私家女侦探在泰国调查一起黑帮凶杀案时，被枪杀在她所住的饭店。附近警长带助手赶到现场，只见女侦探倒在窗下，胸部中了两枪，手里紧握着一支口红。

　　警长撩起窗帘一看，在玻璃上留着一行用口红写下的数字：809。他又从女侦探的提包中找出一张卷得很紧的小纸条，纸条上写着："已查到三名嫌疑犯，其中一人是凶手。这三人是：代号608的光，代号906的岛，代号806的刚。"

　　警长沉思片刻，指着纸条上的一个人说："凶手就是他！"根据警长的推断，警方很快将凶手缉拿归案。

　　请问，凶手是谁？为什么？

来访的凶手

| 难易程度：⭐ | 所用时间：（ ）分 | 要求： |

女教师在星期日下午被发现死在宿舍里。她身穿睡衣，满身是血地躺在地上。经法医鉴定，死者由于胸部被刺，于昨晚9点左右死亡。

据调查，在星期六晚9点左右有两个男子来拜访过死者：一个是她的男朋友，另一个是她的学生。两人都先后按了门铃。警察查看现场时，发现死者的房门上安着一个"猫眼"，于是他有了新发现。经过缜密思考，推断出了真正的杀人凶手。

你知道他推断的凶手是谁吗？

阿凡提为什么不害怕

难易程度： ⭐　　所用时间：（　）分　　要求：

有一次，财主把阿凡提抓了起来，他把阿凡提绑在水池的柱子上，然后又在水面上放了很多大冰块。这时，水面正好淹到阿凡提的脖子，财主想等到冰块融化了之后淹死阿凡提，但阿凡提却丝毫不害怕。你知道冰块融化了之后水面会上升多高吗？

凶案现场

难易程度： ⭐　　所用时间：（　）分　　要求：

湖面上漂浮着一具男尸，看上去很像是溺水自杀。公安人员接到报案后，迅速赶到现场。尸检时，在被害人的内衣里发现了一只蟑螂。

刑警队长立刻断定说："这个人是在室内被杀死，然后转移到湖里的。"

请问：队长的根据是什么？

解答篇

Part 1 发散思维游戏

谁在敲门
女人。

狭路相逢
从南来和向北去是同一方向，他们可以一前一后地过桥。

新手司机
从其他3个轮胎上各取下1个螺丝，用3个螺丝去固定刚换下来的轮胎。

鸡蛋怎么拿回家
乐乐可以把篮球里的气放掉，把球压瘪，使球呈一个碗形，然后把鸡蛋放在里面拿回家。你还有其他更好的方法吗？

联邦调查局的难题
这位新来的助手将这份密函水平端起来，凑近鼻子一端，闭上一只眼睛，斜斜地看着图形，发现有"HELLO"的字样。

叠纸游戏
A。这叠纸的厚度将达到3355.4432米，有一座山那么高。

最大的整数
27。
$(4÷2+5-4)×9=27$。

不能在夜间吃的饭

夜间吃的饭，所以早饭及午饭不能在夜间吃。千万不要想成是馒头、米饭以及稀饭之类的东西。

火车在什么地方
毫无疑问，火车应该在铁轨上。

机器猫的话
地球。在地球上你随便往上空扔一个小石头，它都会回来的。

鸡与蛋哪个在先
这道题目并没有指明这个蛋一定就是鸡蛋不可。爬虫类在地球上出现的时间比鸡早得多，而且爬虫类也会下蛋，所以地球上是先有蛋。

Part 2 分析思维游戏

挑食的北极熊
北极熊生活在北极，而企鹅生活在南极，路途遥远没机会见面。

熊是什么颜色的
这只熊下落的速度这么慢，只能是充气的玩具熊，下落阻力约等于重力，所以要2分钟。而这只玩具熊可以是任何颜色的。

穿越森林
最多走进森林的一半，因为再往前走就不是"走进"，而是"走出"了。

两位数学老师

这个等式是9×9=81，但从不同的方向看就会看成不同的等式，另一个老师看的就是18=6×6。

巧划分(1)

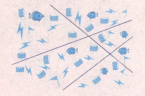

巧划分(2)

找不同

右上角的图片和其他图片不一样，因为它是黄色的，而其他是红色的。左上角的图片和其他的不一样，因为它是1，而其他是2。左下角的图片也不一样，因为它是正方形，而其他图片是圆形。因此，右下角的图片才是真正不一样的，因为它没有"不一样"的地方。

找伙伴

最后的弹孔

最后一枪的弹孔是C。后发射的子弹是射在玻璃上的，子弹在前面被击碎的玻璃裂纹处挡住停下。按顺序查一下，就知道子弹发射的顺序是D、A、B、C。

老钟

36分钟。

对于老钟来说，从3点到12点，实际需要的时间是9×64分钟；如果目前是12点，则已经过了9×60分钟，所以还需36分钟。

惨烈的尖叫

这是一个看起来复杂其实很简单的问题。作案时间是12:05分。计算方法很容易，从最快的手表(12:15分)中减去最快的时间(10分钟)就行了。或者将最慢的手表(11:40分)加上最慢的时间(25分钟)也可以得出相同的答案。

损失了多少财物

商店老板损失了100元。

老板与朋友换钱时，用100元假币换了100元真币。此过程中，老板没有损失，而朋友亏损了100元。

老板与持假钞者在交易时：100＝75＋25元的货物，其中100元为兑换后的真币，所以这个过程中老板没有损失。

朋友发现兑换的为假币后找老板退回时，用自己手中的100元假币换回了100元真币，这个过程老板亏损了100元。

所以，整个过程中，商店老板损失了100元。

天平称重

31种。可以称1克～31克中的任何一个重量。该题为组合问题，5选1有5种，5选2有10种，5选3有10种，5选4有5种，5选5有1种，合计为31种。

正反都一样的年份

1961。

裙子的颜色是什么

黄色。

台历日期

假设中间那天的日期为X，则$(X-8)+X+(X+8)=42$。这样可以得出$X=14$。所以这三天应该是 6号、14号、22号。

杰克是哪里人

杰克不是英国人。

如何过河

先把狗带到对岸，然后返回，把一只小羊带过去，顺便把狗带回原岸，把另一只小羊带到对岸，然后再返回，把狗带过去。

礼服和围巾的问题

你只需要检查"2件晚礼服、1条围巾"的盒子里装的是什么物品，就行了。如果里面装的是3件晚礼服，那么"3条围巾"的盒子里装的就是"2件晚礼服、1条围巾"，另一个盒子里装的就是3条围巾；如果里面装的是3条围巾，那么"3件晚礼服"的盒子里装的

就是"2件晚礼服、1条围巾"，那么另一个盒子里装的就是3件晚礼服。

帽子的颜色

蓝色。

假设大毛和二毛的帽子都是红色的，而会场上只有两顶红帽子，那么三毛应该立刻回答自己的帽子是蓝色的。

所以，大毛和二毛戴的帽子有两种可能：①一顶红色和一顶蓝色；②两顶都是蓝色。

二毛看得到大毛的帽子，如果大毛戴的是红色的话，便符合①的状况，那么二毛应该答出自己的帽子是蓝色的才对。

他之所以答不出来的原因，相信你也已经猜到了吧，那就是因为大毛的帽子是蓝色的。

数字的逻辑

3与5的差为2，5与8的差为3，8与12的差为4……最后的数是23，它与17的差是6。

倒金字塔

5。将上一行数列去掉最大和最小数，然后反向排列得到下一行。其实无论第一行的数如何排列，因为要去掉最大和最小的数，最后肯定剩下中间数：5。

展开成大环形

如图，答案有两个：②和④。其中虚线是形成环形的部分，黑影是多余的部分。

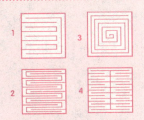

及两个四边形的间距等，也能够找到答案。

钓了多少条鱼
老李钓到了7条，大张钓到了4条，小王只钓到了3条。

骰子推理
e。这道题考查你的空间想象能力，b的对面应该是e。如果还不明白，你可以动手做一个骰子看看就知道了。

开环接金链
只要打开3个环。打开一段金链中的3个环，只需要将3个环和其他的金链首尾相接就可以连成一个金链圈。

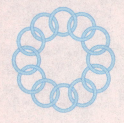

母鸡下蛋
蛋当然是朝下落了。

展开后的图形
答案是图形1。可以在4个图形上试着把折线画出来，如果呈现出和黑影部分相同的图形，就是答案。或者仔细观察展开图，观察四边形的黑影部分的切口处是否平行

旋转的图形
②、⑤不能。

鸭子戏水

鱼鳞片的变化规律
如图，鳞片变化规律是加2，加3，减1，如此反复。鳞片为双数时。

老实的骗子
如图所示，从爷爷的左边开始，依次是儿子、女儿、爸爸、妈妈。

三角形填空

全黑圆。从各三角形右下角端圆来看，变化的规律都是1/2黑影全黑交替。

环环相扣

只要把3,5,7,10,12,14六个环脱开，所有的环便都开了。

宾馆凶案

假设死者是自杀的。

甲说"死者不是乙杀的"就是假话，则是乙杀的。

乙说"他不是自杀"是假话，则"甲杀的"是真的。

丙说"是乙杀的"如果是真话的话，那么"不是我杀的"就是假话，丙承认自己杀了人。与以上分析结论是矛盾的，是不合逻辑的。

假设死者不是自杀。

甲说"死者不是乙杀的"是真的。

乙说"是甲杀的"是假，即不是甲杀的。

丙说"不是我杀的"是真。

既然凶手不是甲、乙、丙"所提及的人"，只剩下医生。因此，凶手就是医生。

过河

9次。因为他们每次都要有一个人把船划回来。

有趣的算式

移动两根

$$4I-4+III=III$$

移动三根

$$III+4-II=I4$$

图案盒子

(a)。

不走重复路

以下字母代表在每个路口选择的方向（E=East［东］、W=West［西］、S=South［南］、N=North［北］）：

E、N、S（赢）

E、N、W、N（赢）

E、N、W、S、N（输）

E、N、W、S、W（输）

E、S、E、N（赢）

E、S、E、W、N（输）

E、S、E、W、S（赢）

E、S、W（输）

S、E、N（赢）

S、E、W、N、S（输）

S、E、W、N、W（输）

S、E、W、S（赢）

S、N、N、S（赢）

S、N、N、W、N（赢）

S、N、N、W、S（输）

S、N、W（输）

所以，赢的几率是8/16＝1/2。

玩具的总价

鸭子＝5，彩球＝2，风车＝4，熊＝1，蝴蝶＝3。因此，纵向列的未知数为11，横向行的未知数是11。

称粮食

最多称3次。把3袋粮食按大米和玉米、玉米和小米、大米和小米的顺序组合在一起各称一次。把3次的重量加起来除以2，就得到一袋大米、一袋小米和一袋玉米的总重量。然后把总重量分别减去大米和玉米、玉米和小米、大米和小米的重量，就能算出小米、大米和玉米各重多少了。

会遇到几艘客轮
从香港开往费城的客轮，除了在海上会遇到13艘客轮以外，还会遇到2艘：一艘是在开航时候遇到的从费城开过来的客轮，另一艘是到达费城时遇到的正从费城出发的客轮。所以，加起来一共是15艘客轮。

考考你
19。字母按字母表倒序号（Z＝1，A＝26，等等）排列，A之后跳过两字母为D（倒序号是23），再跳过两字母为G，再跳过两字母为J（倒序号17），依此类推。至问号处为H（倒序号19）。

歪博士的考题
原来的25颗棋子不动，只需要把新加的5颗棋子像下图那样与别的棋子重叠就可以了。

找规律
27。

Part 3 逆向思维游戏

照片上的人
这个人在看她丈夫的继母的外孙媳妇的照片。

电话号码
新号码是8712。

还剩几只兔子
当然只剩下一只死兔子了，其他兔子都跑了。

几堆水果
合在一起就只能是一堆了。

要跳多少步(1)
至少需要15步。

要跳多少步(2)
至少需要20步。

为什么不让座
公交车上有空座位。

镜子的游戏
18和81，29和92。

各有多少条鱼
在数字中，除了0外，只有1和8照出来依旧是本数，于是知道两种鱼条数的积是81，因为81在镜子里是18，正好是9+9。由此可知，五彩神仙鱼、虎皮鱼的数目各是9条。

数学家的年龄

84岁。假设数学家的年龄为X岁。根据碑文很容易列出方程：$X=X/7+X/4+5+X/2+4$，即可解得$X=84$。

破译密码

$E=7$，$W=4$，$F=6$，$T=2$，$Q=0$，东路兵力是7240，西路兵力是6760，总兵力是14000。

细心分析，可以发现只能是$Q+Q=Q$，而不可能是$Q+Q=2Q$，故$Q=0$；

同样，只能是$W+F=10$，$T+E+1=10$，$E+F+1=10+W$。

所以有三个式子：

(1) $W+F=10$

(2) $T+E=9$

(3) $E+F=9+W$

可以推出$2W=E+1$，所以E是单数。

另外$E+F>9$，$E>F$，所以推算出$E=9$是错误的，$E=7$是正确的。

该填哪一个字母

M。从字母A开始，沿顺时针方向，每两个字母之间均间隔3个字母。

毛毛虫的任务

把纸的一端稍微卷起来紧挨着纸的一面，这样毛毛虫就能顺利地从纸的一面爬到另一面去。当然完成这个任务毛毛虫需要请求别人的帮助。

哪一杯是水

往杯里面加几滴水，看水滴是否和上层的液体混合在一起，能混合的即为水。

啰唆的自我介绍

张先生是最高领导人，张先生直接给"我"和董先生安排工作；"我"直接给王先生、李小姐安排工作；董先生直接给赵小姐、杜小姐安排工作。

Part 4 逻辑思维游戏

读书计划

按照计划，第六天读了20页。

路线图

迷路的兔子

这只是正确答案的一种你可以发挥想象力帮兔子小姐设计路线。

到底是星期几

星期三。首先你要弄清楚今天是星期一,才能判断后天是星期几。

取代图形

B。正如图2是图1垂直翻转180度再顺时针旋转90度一样，B和图3也具有这样的关系。

鸡兔各有几只

设鸡有x只，则兔有(36－x)只，由题意，得：

2x＋4(36－x)=100。

解之，得x=22，鸡有22(只)，兔有36－22=14(只)。

花最少的钱去考察

甲买一张经由南极到B市的机票，乙买一张经由南极到A市的机票，当他们两人在南极相会时，把机票互换回一下，这样他们只花了800美元就回到了自己的城市。

分米

①两次装满脸盆，倒入7斤的桶里；

②往3斤的脸盆里倒满米，再将脸盆里的米倒1斤在7斤的桶里，这样脸盆中还有2斤米；

③将7斤米全部倒入10斤的袋子中；

④将脸盆中剩余2斤米倒入7斤的桶里；

⑤将袋子里的米倒3斤在脸盆中，再把脸盆中的米倒入桶里，这样桶和袋子里各有5斤米。

换啤酒

假设先买161瓶啤酒，喝完以后用这161个空瓶还可以换回32瓶（161÷5=32……1）啤酒，然后再把这32瓶啤酒退掉，这样一算，就发现实际上只需要买161-32=129瓶啤酒。可以检验一下：先买129瓶，喝完后用其中125个空瓶（还剩4个空瓶）去换25瓶啤酒，喝完后用25个空瓶可以换5瓶啤酒，再喝完后用5个空瓶去换1瓶啤酒，最后用这个空瓶和最开始剩下的4个空瓶去再换一瓶啤酒，这样总共喝了129+25+5+1+1=161瓶啤酒。

摸黑装信

不正确。如果出错的话，至少有2封信出错。

他们点的什么菜

根据②和①，如果阿德里安要的是火腿，那么布福德要的就是猪排，卡特要的也是猪排。这种情况与③矛盾。因此，阿德里安要的只能是猪排。于是，根据②，卡特要的只能是火腿。因此，只有布福德才能昨天要火腿，今天要猪排。

吃梨子

要5分钟。5个人用5分钟吃了5个梨子，也就是说1人吃1个梨子要花5分钟（记住是5分钟，而不是1分钟），那100个人吃100个梨子，也就是1人吃1个梨子，当然也是要花5分钟。

轮胎如何换

如果给8个轮胎分别编为1～8号，每5千里换一次轮胎，配用的轮胎可以用下面的组合：123（第一次可行驶1万里），124，134，234，456，567，568，578，678。

儿子和爸爸的游戏

可能。爸爸永远都坐不到他自己的腿上。

骗子村的老实人

"今天要不是星期一，就是星期二。"因为"今天是星期二"这句话，在星期一也可以说。

变脸

A。规律是：脸部加一划，在脸部加一划和一根头发，再加一根头发，再在脸部加一划和加一根头发。如此反复。

图形推理

从第一个圆圈开始，黑点首先逆时针退一格，再顺时针进三格，如此反复。

翻转符号

3列：第一、第三和第六列。

罗沙蒙德迷宫

尝试把所有的死巷都涂上颜色，这样就可以找出如图中所示的正确道路了。

珠宝公司的刁钻奖励

取出第三个金环，形成1个、2个、4个三组。第一周：领1个；第二周：领2个，还回1个；第三周：再领1个；第四周：领4个，还回1个和2个；第五周：再领1个；第六周：领2个，还回1个；第七周：领1个。

爱说假话的兔子

甲：2岁；
乙：4岁；
丙：3岁；
丁：1岁。

如果丙兔子说的话是假话，丙就比甲年龄小，而且甲就是1岁，这是不可能的。

所以丙兔子的发言是真实的，甲不是1岁，丙比甲年龄要大。

如果甲的发言是真的，就是乙3岁，甲比乙年龄大，即甲4岁，这与上面的分析是矛盾的。

所以，甲的话是假的，乙也不是3岁，甲比乙年龄要小。

根据以上分析，乙是4岁，丙是3岁，甲是2岁，剩下的丁就是1岁。

相信不相信

那件事情就是："你将在方框里写上'否'"。

谁在撒谎

假如小艾的话是真实的，那么小美的话就是假的，相反，如果小艾的话是假话，那么小美的话就是真话，据此推测，小艾和小美之间必定有1人在撒谎。以此类推，5人中应该有3人在撒谎。

最好的类比

做此类型的题必须先把第一组之间的关系思考清楚，这样根据这些关系去选出相对应的图形就可以了。第一个图形与第二个图形之间是正方形对三角形，并且颜色相反，同理，与第二个图形相对应的应该是（b）。

谁胜谁负

让你的朋友先说，你所说的数加上你的朋友说的数值刚好等于11。依此类推，等你们所说的数值总和达到99的时候，即使你的朋友说"1"，他也会输。

智力拼图

A图。

黑色星期五

如果4月13号是星期五，那么下一个13号且是星期五的那天应为7月13号，相距91天。

怎样倒水

把两个杯子都倒满，然后将水壶里的水倒掉。接着将300毫升杯子内的水全部倒回水壶，把大杯子的水往小杯子倒入300毫升，并把这300毫升水倒回壶中，再把大杯子剩下的200毫升水倒往小杯子，把壶里的水注满大杯子(500毫升)，这样，壶里只剩100毫升。再把大杯子的水注满小杯子 (只能倒出100毫升)，然后把小杯子里的水倒掉，再从大杯子往小杯子倒300毫升，大杯子里剩下100毫升，再把小杯子里的水倒掉，最后把水壶里剩的100毫升水倒

入小杯子。这样每个杯子里都恰好有100毫升的水。

科学家理发

因为镇上只有两位理发师，这两位理发师必然要给对方理发。科学家挑选的是给对方理出最好发式的那位理发师。

Part 5 想象思维游戏

分橘子

在应该由丙打扫的3天中，甲帮助打扫2天，即2/3；乙帮助打扫1天，即1/3。因此，甲家得6斤橘子，乙家得3斤橘子。

激发想象力

毫无疑问，答案应当是"水"，这是智力正常的人都知道的。可是，大多数人在被问到这个问题时却会错误地说"牛奶"。

大胆想象

像一张世界地图。

近视眼购物

眼镜框。因为李明是高度近视，一拿掉眼镜几乎看不见东西，如果不戴隐形眼镜，就不能确定购买的镜框是否美观、合适。

Part 6 数字思维游戏

巧填算式

① $2+3×4+5×6+7×1=51$

② $5+6×7+1+2-3+4=51$

③ $6×7+1+2-3+4+5=51$

巧用1998

—1+9−8+8=8。
1×9+8−8=9,
0.1+0.9+8−8=1,

喝酒

一个"瓶子"也没有喝。

复杂的表格

26。第一列数乘以第二列数，再加上第三列数，等于第四列数。

和为99

9+8+7+6+5+43+21=99
9+8+7+65+4+3+2+1=99

数字哑谜

16。
□=4，◇=7，△=6，▽=5。

符号与数字

68。各符号代表的数值：三角＝7，圆＝11，心＝3，太阳＝17。

该填什么数字

3。互为对角部分的数字之和等于11。

最大和最小

55+39 值是94，
50−39 值是11。

三个数

1×2×3=6,
1+2+3=6。

数学方块游戏

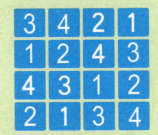

一题三解

数字填空

4。图中数字排列的规律是：外圈每格两个数字相乘，其积等于顺时针方向的下下格内圈之数。

不变的值

123−45−67+89=100

等于100

①1＋2＋3＋4＋5＋6＋7＋8×9=100
②123−45−67+89=100

添1变18

怎样合法销售

商店可以将每斤水果卖高价，每次购买就赠送一种电器或一些图书。

和与差

找出规律了吗？得数是较小数的两倍。

从两个数的和中减去这两个数的差，就是从两个数的和中减去较大数比较小数多的一部分，得到的结果是两个较小数的和，也就是较小数的两倍。

奇怪的现象

5小块图形中最大的两块对换了一下位置之后，被最上面的斜线切开的每个小正方形都变得高比宽大了一点点。这意味着这个大正方形不再是严格的正方形。它的高增加了，从而使得面积增加，所增加的面积恰好等于那个方洞的面积。

葱为什么卖亏了

要知道，葱原本是1元钱一斤，也就是说，不管是葱白还是葱叶都是1元钱一斤。而分开后，葱白却只卖7角，葱叶只卖3角，这当然要赔钱了。

天气预报

如果事情不是发生在极圈的话，那么就不会出现太阳。因为再过72小时后，就是3个昼夜，又是半夜12点，而夜里是不会出太阳的。

古书的厚度

3毫米。你的计算是不是把所有的厚度都相加呢？要知道，题目中已经提到了，这是两本线装古书，按照古书的设计，是向右翻页的。所以，从上册封面到下册封底的距离只有1.5毫米＋1.5毫米＝3毫米。

井底之蛙

8次。

不要被题中的枝节所蒙蔽，每次跳上3米滑下2米实际上就是每次跳1米，因此10米用10次就可全部跳出，这样想就错了。因为跳到一定时候，就出了井口，不再下滑了。

快速计算

168。真是很简单的一道题。如果你被其中的$B \times C = 13$所迷惑，那只能证明你的粗心。如果换一种表达方式你就明白了：$A \times B \times C \times D = （A \times B） \times （C \times D） = 12 \times 14 = 168$。差不多口算就能算出来了。

一步之差

第一种方法是3=22/7，但第二种 π=22/7更接近正确答案。（注：图中的火柴棒均表示罗马数字。XXIII是数字23，VII是数字7，Ⅱ是数字2。）

好客的花花

有6个客人，27颗棉花糖，当然前提是她自己不能吃。

数学天才的难题

七边形上每个边的数字之和为26。

和为18

猎人的收获

0只。"6"去掉"头"，"8"去掉半个，"9"去掉"尾巴"，结果都是"0"。

运动服上的号码

他运动服上的号码是1986。

冷饮花了多少钱

冷饮花了5角。

文具的价格

假设铅笔的价格为X，钢笔的价格为Y，圆珠笔的价格为Z，橡皮的价格为Q，可以得出：

$2Z+1Q=3$ （1）

$4Y+1Q=2$ （2）

$3X+1Y+1Q=1.4$

把（1）×1.5，把（1）÷2，可以得出：

$3Z+1.5Q=4.5$

$2Y+0.5Q=1$

$3X+1Y+1Q=1.4$

把三者加起来就是：

$3X+3Y+3Z+3Q=6.9$，

由此可得：

$X+Y+Z+Q=2.3$ （元）

买鸡卖鸡赚了多少钱

第一次9元钱卖掉时赚了1元，第二次11元卖掉时又赚了1元。总共是2元。

看鲜花填数字

21。显然 🌸 是12，🍀 是9，❄ 是7，🌼 是3，🌿 是5。

共有多少只蜜蜂

一共有14641只蜜蜂。

第一次搬兵：1+10=11(只)

第二次搬兵：11+11×10=11×11=121(只)

第三次搬兵：……

一共搬了四次兵，于是蜜蜂总数为：11×11×11×11=14641（只）。

Part 7 语言表达思维游戏

语文老师的难题

这首诗的谜底是成语"灵机一动"。

有趣的字谜

章。

猜一猜典故谜语

①岳母、令郎。

用典：取南宋抗金名将岳飞母亲在岳飞背上针刺"精忠报国"，激励岳飞忠心报效国家的故事。见《宋史·岳飞传》。

②残兵败将。

用典：见《史记·项羽本纪》等篇。谜底意为"战败后残余的兵将"，借助上楼阁，翻出"将残余的军队击败"的新意。

③半路出家。

用典：取《水浒》中鲁达打死了镇关西后才半路出家当和尚，改名鲁智深之说。

④一日千里。

用典：见李白《早发白帝城》诗和北魏郦道元《水经注》中"……有时朝发白帝，暮至江陵，其间千二百里，虽乘奔御风，不加疾也"的记载。

⑤一载赴黄粱。

用典：谜面取唐人沈既济传奇小说《枕中记》故事，谜底句出《红楼梦》十二钗正册贾迎春判词"子系中山狼，得志便猖狂。金闺花柳质，一载赴黄粱"。

⑥楚人一炬。

用典：谜面出自白居易长篇叙事诗《长恨歌》。谜底取《史记·项羽本记》项羽放火烧阿房宫的史实。底文出自杜牧《阿房宫赋》。

⑦《收获》。

用典：取《三国演义》中诸葛亮七擒七纵孟获的故事。

⑧无与伦比。

用典：根据李白诗句"桃花潭水深千尺，不及汪伦送我情"（《赠汪伦》）而得。

⑨遭。

用典：取《三国演义》中，关公在华容道放走曹操之意。

⑩诩。

用典：谜面是楚霸王项羽乌江自刎前说的话。

唐诗填字谜

(1)"桥"，《断桥》（杜牧《寄扬州韩绰判官》）。

(2)"燕"，《燕归来》（刘禹锡《乌衣巷》）。

(3)"弦"，《心弦》（白居易《琵琶行》）。

(4)"人间"，《在人间》（杜甫《赠花卿》）。

(5)"我"，《勿忘我》（杜甫《寄韩谏议注》）。

(6)"宿"，《归宿》（杜甫《佳人》）。

(7)"爱"，《简爱》（李白《妾薄命》）。

(8)"东风"，《借东风》（杜牧《赤壁》）。

(9)"难""难"，难解难分（李商隐《无题》）。

(10)"际"，一望无际（孟浩然《早寒江上有怀》）。

(11)"药"，没药（贾岛《寻隐者不遇》）。

(12)"不尽"，取之不尽（杜甫《登高》）。

(13)"人"，后继有人（李白《南陵别儿童入京》）。

概念或名词

中国象棋。

中国象棋上有楚河汉界，比喻楚汉之争。

中国象棋变幻无穷，像一场纸上的战争，故称为纸上谈兵。

中国象棋有32颗棋子。

拿不定主意，即举棋不定。

提示性推理

《三国演义》。《三国演义》是元末明初时罗贯中所写。书中有一章节写刘备三顾茅庐请诸葛亮。《三国演义》再现了汉末的一段历史，是一部宏大的历史画卷。

李白沽酒

李白先遇店，后遇花，即"三遇店和花"。第三次见到花前壶中正好有1斗酒。那么，在遇第三个店前有1/2斗酒。以此类推，第二次见花前壶中酒有3/2斗，遇第二个店前有3/4斗。那么第一次加倍之前，也就是原来有的酒应该是：1/2（3/4+1）=7/8斗。这个题也可以用方程解。

猜中国城市名称

连云港，宁波，福州，洛阳，开封，长沙，无锡，武汉，蚌埠，烟台，天津，大同，贵阳，古田，锦州。

可以替代的词
可以用"打"字代替。

Part 8 观察思维游戏

四等分图形

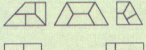

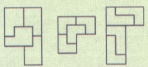

最后一张扑克牌

是梅花9。花色的顺序是红桃、梅花、方块、黑桃循环。点数依次加2，3，4，5，6……

互看脸部

"一个面向南一个面向北站立着"，如果你认为两个人是背对背而立，那就得不到答案了。两个面对对方站立的人，也同样可以一个面向南、一个面向北站立啊。

问号处该填什么

这张图里的3种图案排列，由里到外形成一个漩涡状，排列的顺序依序如图所示：

魔术阶梯

施罗德阶梯为你提供一个有用的信息：你要将卡片中的6和9倒过来放。这样，卡片就能形成连续数字(9，10，11，12，13)。

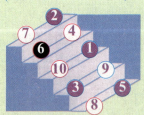

哪个图形不同

A和其他三个不一样，只有它是由单条封闭曲线组成。

B和其他三个不一样，只有它是由一条线段和一条曲线组成。

C和其他三个不一样，只有它是由两条曲线组成。

D和其他三个不一样，只有它全部由线段组成。

不管怎么样，你都是对的，但你有没有看出它们所有的区别呢？如果让你找出它们的共同点，又是什么呢？

不一样的图形
D。因为A、B、C、E4幅图中黑块在中间且左右对称，而只有D是。

骰子布局
C。

纠错
2B。

与众不同的图形
C。

最高的人
3个人一样高。这是一幅立体空间图，之所以看起来最前面的那个人矮，是你观察的角度不一样。

矫正视觉
①两门一样大。
②平行。

找相似
B。只添一条直线，它就与上面的图相似。

花数相连
39。各符号代表的数值：❀=9，∽=6，▓=3，O=24。

哪一个图形相似
B。理由是小长方形与圆共有一个圆点，但大长方形与小长方形间没有共同的圆点。

哪个字母不见了
字母D不在里面。

迷宫

拼独特的图案
12种图案。如果你找到的数目超过了12，你会发现，经过旋转或翻转，有些是相同的。

缺少哪一块
如图，三个轮子相对应的一瓣中都各有一黑二白分瓣，黑分瓣位置各不相同。

视觉幻象

箭头e和箭尾3是配对的。

Part 9 图形转换思维游戏

拼11

(1)

(2)

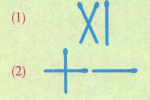

小猴的游戏

横竖都是6

看起来把10枚硬币按照要求摆是不可能的，但题目并没有限定每个位置上只准放一枚硬币啊，你可以在"十"字的中心位置摆两枚硬币，这样不论横着还是竖着数就都是6枚了。

扩大水池的方法

10根变9根

用剪刀将图中的平行线沿对角线剪断，把右半部分沿切口往下移一根线，就变成9根了。

生日蛋糕如何分

舅舅的要求其实就是"太极图"的画法。

一笔勾图（1）

1，2，5可以一笔画出来，3，4，6不能一笔画出来。

一笔勾图（2）

最多只能是一个，因为你画出第一个图后,就必须再拿起笔才能画第二个。

三分土地

增加7根火柴。

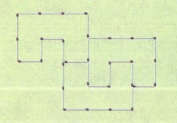

切正方形

一个正方形切去一个角，有3种切法，会出现3种情况：

①切去一个角，得到5个角；

②切线通过另一个角，则得到4个角；

③切线通过另外两个角，只剩3个角。

如何种树

按下图的栽法，可使得16棵树形成15行，每行4棵。

复杂的图形

15个正方形，72个三角形。

"鬼迷路"

实际上，这些人走了一个圆。人走路时，两脚之间有一定的距离，大约是0.1米，每一步的步长大约是0.7米，由于每个人两脚的力量不可能完全一致，因此迈出的步长也就不一样，若在白天要沿直线行走，我们会下意识地调整步长，保证两脚所走过的路程一样长。当在夜间行走辨不清方向时，就无意识调整步长，走出若干步后两脚走的长度就有一定差距，自然就不是沿直线行走，而是在转圈，这就是"鬼迷路"现象。

经典的几何分割问题

排队

站成五角星的形状，5个顶点和5个交叉点各站一个人。

分图片

需沿虚线剪开。

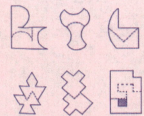

六角星变长方形

如图，将六角星的上下两个角剪下来，一分为二，拼到左右两个缺口上。

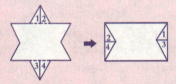

智者的趣题

把最左边的小圆画在极远的右边。如图：

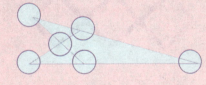

巧移1根

144－112＝32

3＋5＝7＋1

114－111＋1＝4

立体图形

20块。

找不对称的图形
B。把A、B、C、D重新排列一下，就可以清楚地看出来了。

修黑板

一个比四个
一样大。设小圆的半径为a，4个小圆面积为$4a^2\pi$，大圆的面积为$(2a)^2\pi$也是$4a^2\pi$。

巧摆木棍
能。

四等分五边形

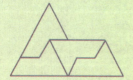

要多少块地板砖
181块。

提示：可以先试某些小一点的数目。比如这样的图形当对角线是3块的时候，一共需要5块地板砖；当对角线是5块的时候需要13块；对角线是7块的时候需要25块；对角线是9块的时候需要41块……上列数目依次是5，13，25，41……考虑一下每一次增加了多少块，找到其中的规律，然后用笔简单地排出一个数列，就可以知道对角线是19块的时候需要181块地板砖。

选图填空
C。

分解小船

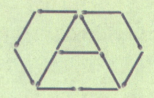

还需多少方块
4×4×4-16=48。

摆放不规则
这4颗星星连在正方形的三条边上。

翻转梯形
移动4根。

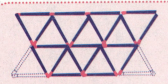

巧摆正方形

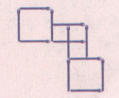

湖光塔影

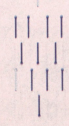

找长方形
23个。

图形互补
C。

巧移火柴

月牙

增加的菱形

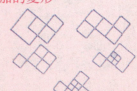

14个正三角形

多少个等边三角形
35个。你是不是有遗漏呢?

自制扇子

反方向运动的猪和鱼
猪:2根,鱼:3根。

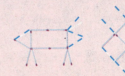

Part 10 创新思维游戏

水壶变空
随便你怎么做都可以,比如把水一下子泼在地上。看好了,题目并没有限制这样做。

大于3,小于4

不湿杯底

把杯子倒着放进水里，这时由于杯子里面充满了空气，由于空气压力，水就不会流进去，杯子底部也就不会被弄湿了。

邮票有几枚

每打总是12枚，不会因为面值的变化而变化。

真花和假花

看蜜蜂在哪朵花上停留，蜜蜂只采真花。

标点的妙用

《三角》、《几何》共计九角。《三角》三角，《几何》几何？

《几何》书价是六角。

蚂蚁过地下通道

由一只蚂蚁把沙粒拉出凹处，放在通道里；然后另一只蚂蚁进入凹处；再由第一只蚂蚁推着沙粒过凹处后暂停；然后另一只蚂蚁爬出凹处，沿通道爬走；最后第一只蚂蚁将沙粒拖回凹处，自己走开。

半盒子鸡蛋

盒子里的鸡蛋篮子在60分钟时全满，一分钟之前，即59分钟的时候是半盒子鸡蛋。

"8"的奥秘

$88 \times 8 + 8 + 88 = 800$。

有几条路线回家

不会经过桥的路线有6条，会经过一座桥的路线有23条。

搭桥

这种结构的桥，好像没办法搭出来，因为还没搭上两块，桥就会倒塌。如何让桥不倒塌，才是问题所在。看了下图，你会恍然大悟，原来只要一开始多放两块砖作桥墩，等到桥的构架完全稳定后，再取走多余的桥墩就行了。

调转火柴

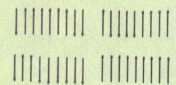

谁走的路短

如果不考虑街巷的宽度，单从理论推算的话，两人走的路程是一样长的。但实际上，皮皮走的路程要短些，因为街巷不是一条细细的直线而是有宽度的，路面越宽，皮皮走的路就越直，即可选择斜边走。而琪琪走的是两条直角边，而斜边是小于两直角边之和的。

巧倒粮食

先把袋子上半部分的小麦倒入空袋子，解开袋子上的绳子，并将它扎在已倒入小麦的袋子上，然后把这个袋子的里面翻到外面，再把绿豆倒入袋子。这时候，把已倒空的袋子接在装有小麦和绿豆的袋子下面，把手伸进绿豆里解开绳子，这样小麦就会倒入这只空袋子，另一个袋子里就是绿豆。

燃香计时

将两根香同时点着，但其中一根要两头一起点。两头一起点的香燃尽的时候，时间正好过去半个小时。只点一头的香也正好燃烧了半小时，剩下的半根还需要半个小时。点着它的另一头，燃尽剩下的香所用的时间是15分钟。这样两根香全部烧完的时间就是45分钟。

红豆和绿豆

锅里只炒一粒红豆和一粒绿豆就行了。如此简单的问题，为什么很多人想不出答案呢？原因就在于这个问题突破了人们日常的思维定式和思维习惯。所以，我们在以后的工作或学习过程中，一定要打破思维定式，那样，更有创意的想法就会自然而然地冒出来了。

Part 11 判断思维游戏

还有几条活蚯蚓

有7条蚯蚓，因为被切为两段的蚯蚓都活着。

愚昧的贵妇人

工匠师只要在水平一排的两端各偷走一颗钻石，再把最底下的一颗钻石移到顶上，就可以蒙骗住愚昧的贵妇人。

三角柱体展开图

观察立体图形的展开图时，先试着改变展开图的方向，然后再从每面的相对位置来看。

顶面的图形中，深色在左边。图①的展开位并没有任一面符合"深色在左边"的条件，可以排除图①。立体图里和底面相连的侧面的图案为右上到左下的深色条状，图②中没有这样的图案。图④也不符合条件。

那么，请想想，图③符合条件的地方在哪儿呢？

一封假遗书

詹姆是看了信上的日期后，才推断凶手可能是美国人。因为英国人写时间是先写日期，再写月份的。但美式写法则刚好相反，是先写月份，再写日期的。

不打自招的凶手

影子不可能在窗口。张某说"窗口有高举木棍的影子"，这就是谎言。因为桌上台灯的位置是在被害人与窗口之间，不可能把站在被害人背后的凶手的影子照在窗子上。

说变就变

只要将图1沿虚线剪出一个等腰三角形，将等腰三角形的反面翻过来拼上去，就变成了另一张如图2的卡片了。

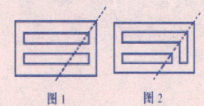

图1   图2

农夫的话

不可信。因为野鸭会孵蛋，而家养的鸭子经过长期的人工选育已经退化，是不会孵蛋的。农夫在撒谎。

自杀还是他杀

死者若是自杀，他拿枪的手必然露在毛毯外面，而他的手却在毛毯里面。可见，是有人杀了他后给他盖上毛毯，伪造了现场。

洞中捉鸟

可以用沙子慢慢地把洞灌满，这样小鸟就会随着沙子的增多而往洞口外走。

牵牛花的罪证

司机就是盗窃犯。他用特定的方法(比如用纸做套子，套在花蕾上)推迟了牵牛花开花的时间，在作案后迅速返回住处，拍摄出花开全过程的连续照片作为伪证。

银店抢劫案

依据在银碗中见到的影像，营业员不可能认定罪犯是谁，因为碗中反射出来的影像是个变形的影像。

移花接木

刑警看到蜡烛后产生了怀疑，再加上停电，蜡烛一直没有熄灭。假如亚美是在自己屋里被杀，过了24个小时，蜡烛早就燃尽了，一定是有人夜里把尸体弄来，走时忘了灭蜡烛。

千万富翁的遗书

飞机在空中飞行，机舱门突然打开，会因机舱内高压、机舱外低压而产生巨大的吸力。因此，遗书不可能放在坐椅上，而会被吸出机外。显然，驾驶员说了谎。

口红印记

凶手是代号608的光，因为女侦探背着手写下608，数字排列发生变化，正反顺序也颠倒过来，608成了809。

来访的凶手

凶手是女教师的男朋友。因为女教师死亡时身穿睡衣。若是外人来访，她会通过"猫眼"看见，并换上整齐的服装。

阿凡提为什么不害怕

水面一点也不会升高，因为冰块融化成水的体积正好是它排开水的体积。

凶案现场

蟑螂不在野外生存，因此，被害人是在室内被杀害并滞留，在此期间蟑螂钻进了尚有体温的尸体。